하나님의 마음에 든 사람, 다윗

옥한흠 다락방 시리즈 8

소그룹 성경 공부 교재

하나님의 마음에 든 사람, 다윗

옥한흠 지음

국제제자훈련원

교재 사용에 대하여

제자훈련의 열매는 훈련된 평신도 지도자들이 사역하는 소그룹(구역, 다락방, 셀, 목장)이라 할 수 있다. 소그룹이란 성도 간에 아름다운 사랑의 교제를 나누며, 말씀 안에서 영적으로 성숙해가도록 서로 돕고, 믿지 않는 사람들을 초청하여 복음을 나누는 작은 단위의 공동체이다. 소그룹은 하나님의 말씀에 기초한다. 그러므로 각자의 삶을 드러낼 수 있도록 돕고, 변화되어야 할 삶의 목표를 분명하게 제시할 수 있는 좋은 교재가 마련되면 효과적인 소그룹을 운영하는 데 큰 도움을 얻는다. 그러나 분주한 목회자의 입장에서는 직접 교재를 만든다는 것이 그리 쉬운 일이 아니다. 이런 어려움을 해결할 수 있도록 돕기 위해 마련된 것이 '옥한흠 다락방 시리즈'이다.

본 시리즈를 사용하는 데 있어 다음 몇 가지를 참고하기 바란다.

1. 이 교재는 소그룹에서 귀납적인 방법으로 성경을 공부하기 위해 만든 것이다. 즉, 성경의 가르침을 일방적으로 주입하는 대신 충분한 토의를 통해 구성원들의 생각을 먼저 정리하고 그것을 성경의 가르침과 비교하도록 구성되었다. 결코 해답 베껴 쓰기식의 공부가 되지 않도록 해야 한다. 서툴더라도 자기 인식과 활발한 토의 참여에 의한 생생한 결론이 나올 수 있도록 해야 한다. 따라서 지도자는 소그룹 환경에서 귀납적 방법으로 성경을 공부하는 것이 무엇인지를 반드시 먼저 배워야 한다.
2. 이 교재는 교역자가 매주 소그룹 지도자들을 먼저 예습시킨 다음 사용하게 해야 바람직한 효과를 기대할 수 있다. 소그룹 지도자가 공부할 내용을 충분히 이해해야 한다.
3. 소그룹에 참석하는 자들은 반드시 예습을 하도록 권장해야 한다.
4. 한 과를 공부하는 데에는 한 시간 이상이 필요하다. 그러므로 각 문제에 따라 답만 찾아보고 넘어가야 할 것과 충분한 토의를 통해 진지하게 적용할 것을 잘 구별해서 진행하는 것이 중요하다.

차례

Lesson 1

기름부음 받은 다윗

사무엘상 16:1~13

서론

이스라엘의 역사상 가장 위대한 왕인 다윗에게 많은 별명이 주어졌지만 그 중에서 가장 영광스러운 것은 "내 마음에 맞는 사람"(사도행전 13:22)이라는 명칭이다. 이것은 그의 인격과 삶이 하나님 앞에서 완전하였다는 의미가 아니다. 하나님의 긍휼하심을 크게 입었다는 것을 말하고 있다. 동시에 그의 마음가짐이 항상 하나님을 기쁘시게 하는 데 있어서 남달랐던 경건한 소년이었다는 것을 보여준다. 하나님이 그의 중심을 보실 때 마음에 드는 바가 많았던 것이다. 이제부터 우리는 주님의 마음에 드는 사람이 되고자 하는 열망을 가지고 다윗의 생애를 주목해 보기로 하자. 자기 마음대로 살려다 버림받은 사울에 비해 비록 나이는 어렸으나 하나님의 마음에 든 다윗이 얼마나 부러운지 모른다. 부러워하는 마음으로 공부에 임하도록 하자.

토의내용

1 당시 이스라엘의 정치적 상황이 어떠했는지 간략하게 설명해보라.

2 하나님께서 이스라엘의 첫 번째 왕인 사울을 버려 이스라엘의 왕이 되지 못하게 하신 이유가 어디에 있는가?(참고/ 사무엘상 13:13~14, 15:11)

3 광기어린 지도자 때문에 암울하고 소망이 없어 보이는 이스라엘의 미래를 바라보며 좌절에 빠져있는 사무엘에게 주신 하나님의 처방은 무엇인가?(1절)

4 국가의 지도자가 잘못하는 것을 보고 하나님 앞에서 울며 그를 위해 기도해본 일이 있는가?

5 사무엘이 엘리압을 보고 그를 하나님의 기름 부으실 자라고 판단하게 된 것은 무엇때문인가?(6~7절) 당신에게도 이러한 기준으로 사람을 판단한 경험은 없는가?

6 하나님이 중요하게 보시는 '중심'이란 무엇을 말하는 것인가?(참고/ 역대상 28:9)

7 사무엘의 요청에 따라 그 앞에 불려 나온 다윗의 모습은 어떠한가?(12절) 이성을 잃고 포악해진 사울과 대적할 새로운 지도자로 하나님이 택하신 다윗의 모습을 보며 무엇을 깨달을 수 있는가?(참고/ 고린도전서 1:27~29)

8 하나님의 나라에 참으로 필요한 지도자는 화려한 외적 조건을 갖춘 자가 아니라 하나님의 기준에 적합한 자이다. 하나님의 기준은 눈에 띄지 않는 내면의 것이다. 우리는 교회에서 사람을 판단할 때 흔히 사무엘의 기준에 좌우될 때가 많다. 예를 들어 어떤 경우가 있는지 말하라.

9 하나님이 사람을 보시는 기준에 따라 우리도 사람을 보려면 어떻게 해야 할까?(참고/ 고린도후서 5:15~17)

10 13절에 이르러 비로소 다윗의 이름이 처음 나타난다. 그의 이름은 "사랑스러운"이란 의미를 갖고 있다. 이름을 보아서는 일국의 지도자로 주목할 만한 인물이 못 되는 것처럼 보인다. 그러나 하나님은 그를 왕으로 세우셨다. 만일 하나님이 하시지 않았다면 그는 결코 왕이 될 수 없었을 것이다. 하나님 편에서 좋아서 무조건 다윗을 불러 왕으로 삼으신 것처럼 우리를 무엇으로 선택하셨는지 말하라(참고/ 에베소서 1:5, 베드로전서 2:9).

11 십대 양치기 소년 다윗은 기름부음 받은 그날 이후로 하나님의 영에 크게 감동되었다. 그리고 다시 양을 치기 위해서 들로 나갔다. 기름부음 받은 다윗이 예전처럼 다시 일터로 나갔다는 사실에서 무엇을 배울 수 있는가?

* 참고/ 본문에서 기름부음과 왕으로 즉위하는 것을 혼동해서는 안 된다. 그는 30세가 되었을 때에야 비로소 유대의 왕으로 기름부음을 받았다.

12 하나님의 방법은 사람이다. 그래서 하나님은 자신의 마음에 꼭 드는 사람을 찾고 계신다. 오늘 우리가 살고 있는 세상도 사울의 시대에 못지 않게 정치적으로나 도덕적으로 심지어는 종교적으로 타락하고 있다. 매우 어둡고 암울한 현실이다. 기성세대는 사울처럼 하나님이 기대하시지 않는 버림받은 세대인지 모른다. 이럴 때 하나님이 소망을 가지고 어린 다윗을 준비하시듯 우리의 자녀들을 준비하고 계신다고 생각하지 않는가? 그렇다면 우리들이 해야 할 책임은 무엇인지 한 가지씩 말하고 그것을 실천에 옮기기 위한 구제적인 결심을 하자.

Lesson 2

사울의 병, 수금 타는 소년

사무엘상 16:14~23

서론

사울은 치명적인 불순종으로 말미암아 하나님께 버림받았다. 그 결과로 여호와의 영은 사울을 떠나고 대신 여호와께서 부리시는 악령이 그를 지배하게 되어 극심한 정신적 고통을 겪게 된다. 하나님께서는 사울의 이 질병을 통해 하나님의 택하신 자 다윗을 자연스럽게 왕궁에 들이시고 그로 하여금 본격적으로 하나님을 위해 이스라엘을 이끌고 갈 수 있는 왕으로 준비시키신다.

토의내용

1 14절에서 여호와의 영 곧 성령께서는 왜 사울을 떠나셨는가?(참고/ 15:26)

2 구약시대에 성령은 신약시대와는 달리 하나님께서 특별한 일이나 직분을 맡기시는 자에게 허락하시는 영감과 능력으로서 어떤 사람에게는 일시적으로 어떤 사람에게는 장기적으로 임하셨다. 동시에 할 일이 끝나면 그의 영감과 능력도 떠나는 예가 많았다. 그 중에는 하나님께 불신을 당하여 자기 일을 마치기 전에 성령을 빼앗긴 자도 있었다. 사울은 그 좋은 예가 될 것이다. 이와 같은 점은 성령의 은혜 가운데 살고 있는 우리에게 매우 특이하게 보인다. 왜 그런가? 그리고 구약시대 성도와 우리 중 누가 더 은혜를 많이 입었는가?(참고/ 요한복음 14:16~17, 마태복음 28:20)

3 신약시대에 사는 우리는 죄를 짓더라도 성령이 떠나시지 않는다. 그러나 우리가 죄를 지을 때 성령께서는 근심하시고 소멸되실 수 있다(에베소서 4:30, 데살로니가전서 5:19). 그 결과로 우리의 심령은 마치 성령이 떠나가 버리신 것과 같이 고통스럽고 심지어는 구원받지 못할 것 같은 좌절감마저 생길 수 있다. 당신은 언제 이러한 느낌을 경험해 보았는가? 또한 이러한 경우 어떻게 해결하는가?(참고/ 요한일서 1:9)

4 성령께서 떠나시자 사울에게는 어떤 결과가 일어났는가?(14~15절, 참고/ 19:9~10)

5 본문에 반복해서 나오는 "하나님께서 부리시는 악령"이란 말은 사탄이 하나님의 지배 아래 있음을 보여준다(참고/ 열왕기상 22:19~22). 사탄의 한계가 무엇인지 욥기 1장 12절을 가지고 말해보라(참고/ 누가복음 22:31~32).

6 신하들은 사울의 병을 고치기 위해 어떤 건의를 했는가?(15~16절)

7 음악에 대한 성경의 언급은 수없이 많다. 왜냐하면 이스라엘 민족의 모든 생활영역에서 음악은 필수불가결한 역할을 했기 때문이다. 사울이 악신으로 말미암아 번뇌하게 되자 그의 신하는 사울에게 수금을 잘 타는 사람을 구하게 한다. 이는 음악을 통하여 사울의 마음이 사탄의 영향을 벗어나서 평안을 얻게 될지도 모른다고 믿었기 때문인 듯하다(23절). 사울의 신하들이 하나님을 찬양하는 음악을 사울에게 들려주기를 원했다고 볼 수는 없다. 그럴 만큼 경건한 자들이 못 되었던

것이다. 단지 음악의 아름다운 선율이 주는 감정적인 효과를 기대했다고 볼 수 있다. 지금도 정서적으로 불안해지거나 영적으로 공허해진 사람들이 음악에 빠지는 예를 많이 본다. 현대 사회에서 마귀가 가장 힘 있는 무기로 사용하는 것 중 하나가 세속음악이다. 일시적으로는 안정과 위안을 주는지 모르나 근본적인 병을 치유하지 못하고 정서적으로, 영적으로 더 악화시키는 현대음악과 그 피해에 대해 말해보라.

8 다윗이 왕 앞에서 연주한 음악은 틀림없이 하나님을 높이는 찬양이었을 것이다. 그 찬양은 능력이 있었다. 그는 평소 찬양하는 소년이었다. 그래서 그의 찬양은 마귀의 권세를 꺾는 힘을 가지고 있었다. 찬양을 들은 사울에게 무슨 일이 일어났는가?(23절)

9 당신의 찬양은 어느 정도 능력을 가지고 있는가? 당신을 치유할 수 있는가? 다른 사람을 영적으로 붙들어 주는가?

10 다윗은 어려서부터 남다른 개성과 재능을 가지고 있었다. 그러나 선천적으로 타고났다 해서 모두 다 유익한 것은 아니다. 다윗이 가진 좋은 점이 무엇이며 필요할 때 그것이 유익하게 쓰임 받을 수 있었던 중요한 이유는 무엇인가?(18절)

11 당신이 가진 남다른 인격적 특성이나 재능이 무엇이며, 그것이 하나님의 은혜로 어떻게 쓰임 받고 있는지 말하라.

12 사울은 다윗을 보자마자 어떻게 하였는가?(21~22절)

13 어디를 가나 사람들의 눈에 들고 사랑 받는 것은 인간사회에서 매우 중요한 일이다. 흔히 말하는 인복(人福)이란 것도 성경을 보면 절대로 우연이 아님을 알 수 있다. 그 이유가 무엇인지 다음 몇 사람이 가진 공통점을 놓고 설명하라.

• 창세기 39:21

• 사무엘상 16:18b, 21절

• 다니엘 1:8~9

14 우리도 다윗처럼 우리의 목장에서 수금을 들고 즐거우나 슬프나 항상 하나님을 찬양하며 사는 연습을 하자. 마귀를 쫓아내는 능력을 가진 찬양의 사람이 되자. 한 주동안 각자 실천할 찬양 스케줄을 만들어보자.

Lesson 3

하나님의 군대를 모욕하다니

사무엘상 17:12~37

서론

하나님께서 장차 이스라엘의 왕으로 선택하신 다윗은 여러 가지 점에서 비범한 소년이었다는 것을 지난 시간에 이어 다시 한번 공부하게 된다. 그는 수금을 잘 연주하는 음악적인 재질만 가진 것이 아니라 용기와 무용이 뛰어난 소년이었다(16:18). 일반적으로 예능을 잘 하면 남자로서 유약하기 쉬운데 다윗은 그렇지 않았다. 그의 용기와 무용이 어느 정도였는가를 이제부터 보게 된다. 중요한 것은 그가 지닌 탁월함에는 하나님을 경외하는 철두철미한 신앙이 그 바탕을 이루고 있다는 점이다. 천박한 재주나 만용이 아니라 믿음에서 나오는 일거일동(一擧一動)이었다. 이 점을 우리는 주목해서 보아야 할 것이다.

토의내용

1 우리가 읽지 않은 11절까지의 내용을 한번 살펴보자. 블레셋의 장수인 골리앗은 3미터에 가까운 거구로 엄청난 중무장을 하고 자신과 상대할 자가 있으면 나오라고 소리치고 있다. 그는 무엇이라고 제안했는가?(8~10절)

2 사울과 그의 군대는 어떤 반응을 보였는가?(11절)

3 특히 사울은 모든 이스라엘 사람 가운데 가장 신장이 컸으며(10:23), 전신갑주로 무장하고 있었다. 그러나 그는 골리앗의 위협 앞에 두려워 떨고만 있었다. 그 이유가 무엇인가? 믿음과 용기의 관계를 한번 생각해보자(참고/ 시편 27:1~3).

4 이제 12절부터는 다윗에 대한 기록이다. 이런 전쟁의 상황 속에서 다윗이라는 존재는 그 누구의 관심도 끌지 못했다. 다윗은 그의 형제들과 비교할 때 어떤 존재였으며 그때 그가 하고 있었던 일은 무엇이었는가?(13~15절)

5 이새가 다윗에게 시킨 일은 무엇인가?(17~19절)

6 다윗이 진에 도착하자마자 골리앗이 외치는 소리를 듣게 된다. 사울 왕은 골리앗을 상대하여 이기는 자에게 무슨 포상을 약속하고 있었는가?(25절)

7 26절을 읽고 다윗에게서 어떤 점들을 엿볼 수 있는지 말하라.

8 다윗이 사울에게 자기가 골리앗을 상대하겠다고 말하자 사울 왕은 이를 말렸다. 두 사람의 말과 태도에는 이성과 신앙, 육적 판단과 영적 판단이 흥미로운 대조를 이루고 있다. 그 이유를 설명하라(31~37절).

9 다윗의 용기 있는 태도는 충동적이거나 즉흥적인 것이 아니었음을 알 수 있다. 평범하게 반복되는 목동의 일을 하면서 그가 하나님을 의지하며 대처했던 많은 체험을 통해 얻은 확신에서 나온 것이었다. 평소에 하나님을 신뢰하지 못한 자는 위기에서도 신뢰하기 어렵다. 사소한 일을 믿음으로 처리하지 않던 사람이 중요한 일을 갑자기 믿음으로 다룰 수 없는 것이다. 다윗과 비교해서 당신이 반성해야 할 점이 무엇인지 말하라.

10 다윗은 하나님의 군대를 모욕하는 일에는 의분을 참지 못했다(26, 36절). 여기서 우리가 배울 점이 있다면 무엇인가?(참고/ 요한복음 2:13~17)

11 다윗은 블레셋 사람이 할례를 받지 못했다는 사실을 가지고 아주 멸시하고 있다. 그가 할례 때문에 그 정도로 긍지가 대단했던 이유가 무엇일까?(참고/ 창세기 17:10~11, 출애굽기 12:48)

12 다윗이 가졌던 우월감은 비교의식에서 나온 것이 아니었다. 만일 그가 한 가지라도 비교를 했다면 입을 다물고 말았을 것이다. 전쟁하는 마당에서는 다윗은 어느 모로 보나 골리앗의 적수가 될 수 없는 초라한 목동이었다. 그럼에도 불구하고 그는 인간의 눈에 보이는 외적인 조건에 좌우되지 않았다. 그는 당당했다. 골리앗을 짐승새끼처럼 보았다. 오늘날 우리의 문제는 세상의 눈으로 자신을 다른 사람과 비교하다가 하나님이 우리에게 주신 고귀한 신분과 특권에 대한 긍지를 잃고 있다는 것이다. 설혹 내가 가난하고 무식하다 할지라도 절대로 기가 죽을 수 없는 확실한 근거가 있다. 그 이유와 근거를 말하라.
(참고/ 에베소서 2:3~6, 빌립보서 3:20~21)

13 당신에게 다음 몇 가지가 있는 지 다시 한번 점검하라.

- 매일의 일과에서 하나님을 전적으로 의지하는 신앙 태도
- 불의 앞에서 떨지 않는 의인으로서의 용기
- 예수 없는 자들에게 기죽지 않을 수 있는 긍지

Lesson 4

소년 다윗과 거인 골리앗

사무엘상 17:38~54

서론

소년 다윗이 골리앗을 물리치는 전투 장면은 우리에게 너무나 익숙하지만 언제 들어도 드라마틱하고 또 신나는 장면이 아닐 수 없다. 이처럼 우리가 다윗과 골리앗의 전투 장면에 가슴을 졸이다가 다윗이 적장 골리앗을 넘어뜨리는 곳에 이르러서 박수를 보내지 않을 수 없게 되는 것은 이 사건이 가지는 독특한 상황 때문일 것이다. 골짜기 하나를 사이에 놓고 전투에 임하는 다윗과 골리앗의 외적인 조건만 본다면 사울의 말마따나 소년 다윗은 절대로 거인 용사 골리앗의 적수가 되지 못한다. 그럼에도 불구하고 다윗은 예상을 뒤엎고 골리앗을 쓰러뜨렸다. 그 결과 이스라엘은 블레셋을 크게 무찌를 수 있었고 다윗은 이스라엘의 영웅으로 떠오르는 계기가 되었으며, 또한 사울의 질투심에 불을 붙이는 불씨가 되기도 했다. 오늘 본문을 통해 어떻게 다윗이 쓰러뜨리기에 불가능할 것만 같은 골리앗을 이길 수 있었는지, 이 전투의 영적인 의미는 무엇인지 공부해보도록 하자.

토의내용

1 본문은 매우 드라마틱한 사건이다. 냉철한 이성보다는 아이와 같은 순수한 마음이 되어 이 사건을 묵상할 때 감동을 더욱 맛볼 수 있다. 내용을 충분히 숙지하여 자녀에게 들려주듯 먼저 구술해보자.

2 골짜기 하나를 사이에 놓고 이스라엘과 블레셋이 전투태세를 갖추고 있었다. 블레셋 진영에서 싸움을 돋우는 자가 나왔는데 가드 사람 골리앗이다. 그는 키가 여섯 규빗 한 뼘(2m 93cm), 갑옷의 무게가 놋 오천 세겔(57kg), 창 날의 무게만 철 육백 세겔(6.8kg)이었다. 또 그에게는 부하가 한 사람 있었는데 그는 앞에서 방패를 들고 골리앗을 보호하는 병사였다. 상상해보라. 이 무시무시한 거인이 이빨을 드러내고 으르렁대는 모습을. 포효하는 맹수보다 더 무섭지 않은가! 반면 다윗에 대해서는 성경이 어떻게 증거하고 있는가?(33, 42절)

3 40절을 읽고 마음에 떠오르는 생각을 서로 나누어 보라. 막대기를 들고 매끄러운 돌 몇 개를 고르고 있는 그의 모습에는 너무나 값진 진리가 많이 담겨 있다.

4 다윗이 골리앗을 맞아 주고받은 말을 들으면 그의 위대한 신앙고백이 적어도 네 가지 이상 들어 있는 것을 볼 수 있다. 한 가지씩 들어 설명하라(45~47절).

5 빈틈없이 중무장한 골리앗이 왜 죽었는가?(49절)

6 인간이 아무리 완전무결한 준비를 했다 할지라도 하나님의 눈에는 허점이 보일 수 있다. 자신의 완벽함을 너무 과신한 나머지 그것으로 망하는 예가 많다. 인간의 교만이란 하나님의 눈에는 물맷돌 하나로 끝장나는 하찮은 것이다. 당신은 무의식 중에 자신의 완벽함을 의존하고 은근히 교만하거나 안심하는 일이 없는가? 당신이 항상 조심해야 할 이마의 작은 구멍은 무엇이라고 생각하는가?

7 이스라엘의 전쟁은 항상 하나님의 싸움이었다. 그러므로 전쟁의 승리는 말, 병거, 군대의 수에 달려있지 않았다. 어린 다윗은 이 사실을 너무 잘 알고 있었다. 이스라엘이 잊지 말아야 할 전쟁 준비는 철저한 믿음과 순종뿐이었다. 그 사례를 한두 개 들고 이유를 설명해보라. (참고/ 출애굽기 14:13~14; 신명기 20:1~9; 역대하 20:15~17)

8 지금도 하나님은 자기를 의지하는 자들을 위해 싸우시는가? (참고/ 시편 18:1~3, 118:10~14)

9 전쟁이 하나님의 손에 있다고 해서 다윗은 가만히 있지는 않았다. 믿음과 행함 사이에는 어떤 관계가 있는가?(참고/ 시편 18:29; 야고보서 2:14~26)

10 당신은 골리앗과 같은 장애물이나 적을 만난 적은 없었는가? 그때 어떻게 대처했는가? 지금 당신에게 위기가 엄습했다면 어떻게 극복해야 한다고 생각하는가?

11 다윗과 골리앗의 싸움은 우리에게 영적 싸움이 어떤 것인가를 상기시켜 준다. 우리가 예수님께 속하고 세상에 속하지 아니하였기 때문에 마귀는 쉴 새 없이 골리앗처럼 도전한다. 마귀와의 싸움은 이미 예수께서 다 이겨 놓은 싸움이긴 하지만 그렇다고 방심할 수는 없다. 왜냐하면 주님께서 다시 오셔서 유황불못에 사단의 세력을 가두기까지는 울부짖는 사자처럼 두루 삼킬 자를 찾아 다닐 것이기 때문이다. 또한 우리 역시 죄의 영향력 아래 있기 때문이다. 주님을 맞이할 때까지 우리의 신앙생활은 어떠해야 하는지 베드로전서 5장 8~9절을 가지고 정리하도록 하자.

Lesson 5

요나단의 사랑, 사울의 질투

사무엘상 18:1~16

서론

교회는 그리스도께서 피로 값 주고 사신 그리스도의 지체들 간의 화해와 사랑의 공동체이어야 함에도 불구하고, 교회 안에는 갈등과 시기와 질투로 말미암아 서로 간에 환멸을 느끼고 상처를 주고받는 경우가 의외로 많은 것을 볼 수 있다. 아마 대부분의 사람들이 이런 갈등을 겪어본 경험이 있을 것이다. 오늘 우리는 본문을 통해서 다윗에 대한 요나단의 희생적인 사랑을 보면서 교회 안에 지체들 간의 사랑이 어떠해야 하는지를 배우고, 하나님을 떠난 사울이 질투와 증오로 어떻게 자신을 파멸시키는지를 보면서 교훈을 얻고자 한다.

토의내용

1 본문은 다윗에 대한 요나단의 사랑을 어떻게 묘사하고 있는가?(1절)

2 요나단이 다윗을 자기의 생명같이 사랑했다는 것은 그들의 관계가 오랜 사귐에서 오는 친분이나 의리가 통하는 친구 간의 우정을 훨씬 넘어서서 상대를 위해서 자신을 희생하기까지 할 수 있는 정도임을 말해준다. 무엇을 보고 알 수 있는가?(3~4절)

3 무명의 목동이었던 다윗은 하루아침에 영웅이 되어 이스라엘은 물론 당시 국제 사회에서도 인기를 한 몸에 받는 사람이 되었다. 이에 비해 사울 왕은 그만큼 위신이 깎이고 초라한 모습으로 비친 것은 사실이다. 이것은 황태자였던 요나단에게 결코 유리하지 않은 현실임을 감안할 때 그가 다윗을 생명처럼 사랑했다는 것을 이해하기 어렵다(참고/ 사무엘하 1:26). 자기가 손해 볼 줄 알면서도 멀리해야 할 사람을 변함없이 사랑한 남편이나 아내 혹은 형제 때문에 어려움을 당한 일이 있으면 말해보라.

4 그리스도께서 피로 값 주고 사신 하나님의 자녀요 그리스도의 지체로서 우리가 서로 사랑하는 것은 성도의 마땅한 바요 의무라고 할 수 있다. 그것은 우리의 성품이나 성격, 기질을 초월하는 문제이다. 그렇게 볼 때 요나단의 다윗에 대한 사랑은 교회 안에서 성도 간의 교제와 사랑이 어떠해야 함을 보여주는 예표라고 할 수 있다. 그렇다면 당신이 교회 안에서 가까이 지내거나 교제를 나누고 있는 형제나 자매들에 대한 태도는 어떠한가? 그들에 대한 사랑의 밀도는 어느 정도인가? 솔직하게 이야기해보자(참고/ 누가복음 6:32~33),

5 본문에서 사울이 자기 왕위에 불안을 느끼고 다윗을 질투하게 된 직접적인 동기가 어디에 있었는지 살펴보라(6~9절).

6 권력과 질투는 동전의 앞뒤처럼 떼어놓기 어려운 관계를 가지고 있다. 예나 지금이나 권력을 손에 쥔 자들이 더러운 중상모략을 일삼거나 정적을 죽이는 일까지 서슴지 않는 것을 자주 보는데 그 뿌리에는 질투가 도사리고 있다는 것을 알아야 한다. 그래서 정치는 더러운 것이다. 그리스도인이 정치에 손을 대는 데 대해 어떻게 생각하는가?

7 사울이 다윗을 질투하면 할수록 그가 입은 정신적 영적 피해는 그 무엇으로도 보상할 수 없는 것이다. 질투, 증오는 제 삼자를 헤치는 것이 아니라 자기를 서서히 죽이는 독이라는 것을 그는 몰랐던 것이다. 10~12절을 가지고 그 내용을 말하라.

8 사회생활을 하다보면 사울과 다윗 같은 불편한 관계는 결코 남의 일이 아니라는 것을 실감할 수 있다. 상관에게 나보다 더 인정받는 유능한 동료를 두고 있을 때, 가문에서 칭찬을 독차지하는 동서가 있을 때, 심지어 모든 면에서 앞서는 형제를 볼 때 우리는 나도 모르게 사울로 변하는 것을 볼 수 있다. 이런 점에서 시험을 받고 있으면 서로 고백하면서 주님의 치료를 받도록 하자.

9 반면에 다윗이 그토록 담대하고 지혜롭게 행하며 모든 전투에서 승리할 수 있었던 비결은 무엇인가?(12, 14절)

10 모든 믿는 사람들 안에는 성령께서 영원토록 내주하신다. 그러나 우리가 성령의 소욕을 따르지 않고 육체의 소욕을 따를 때 우리는 하나님의 임재를 잃어버리고 사울이 겪는 영혼의 어두운 밤을 맞을 수 있다. 그러므로 성령으로 살고 성령으로 행하는 경건의 훈련을 끊임없이 연습해야 한다. 이 일을 위해 당신이 구체적으로 실천하고 있는 것은 무엇인가?(참고/ 갈라디아서 5:25~26)

Lesson 6

다윗의 위기와 미갈

사무엘상 19:1~17

서론

우리는 하나님이 함께하시는 다윗과 하나님의 신이 떠난 사울의 대조적인 삶 속에서 하나님의 오묘한 섭리를 발견한다. 다윗을 죽이려던 사울의 궤계는 번번이 실패하고 오히려 다윗은 백성들로부터 크게 존경받게 된다. 이제 사울은 더욱 낙담하여 아들 요나단에게까지 다윗을 죽이도록 독촉한다. 그런데 하나님은 다윗을 이러한 위기에서 건지시기 위해 미리 돕는 자를 예비해 놓으셨다. 그것도 다른 사람이 아닌 사울의 아들 요나단과 딸 미갈이었다. 얼마나 아이러니한가? 하나님의 지혜와 인간의 어리석음을 한눈에 보는 것 같은 사건이라 할 수 있다.

토의내용

1 요나단이 다윗을 살리기 위해 어떻게 하였는가?(1~3절)

2 요나단이 사울 앞에서 다윗을 변호한 내용이 무엇인가?(4~5절)

3 요나단은 자기 아버지의 양심에 호소했다고 볼 수 있다. 냉정히 생각하면 다윗을 죽일 이유가 하나도 없었던 것이다. 아들의 조리 있는 말을 듣고 사울은 어떻게 했는가?(6~7절)

4 여기에서 우리가 잠깐 생각하고 넘어갈 사실이 하나 있다. 부모로서 우리가 무언가 잘못했을 때 어린 자녀의 충고를 받아들일 만한 마음의 겸손을 가지고 있는가? 그리고 부모가 무엇인가 잘못 생각하고 계실 때 요나단처럼 사랑하는 마음에서 솔직한 충언을 할 수 있는가?

5 사울은 다시금 발작했다(9절). 본문에는 여호와께서 부리시는 악령이 그에게 접하였다고 말한다. 이것은 우리가 알고 있는 정신질환과는 다른 증세였음이 틀림없다. 우리는 마가복음 5장에 나오는 귀신들린 거라사인의 이야기를 잘 알고 있다. 그는 오랫동안 귀신의 지배를 받았는데 비해 사울은 간헐적으로 귀신에게 충동질을 당했다는 것이 다

른 점이라 할 수 있다. 이번에는 다윗이 적을 무찌르고 개선장군이 되어 돌아오는 것을 보고 사울이 발병하였다. 이것은 무엇을 의미하는가? 각자의 생각을 말해보라.

6 우리는 하나님의 자녀이지만 마음에 죄를 품으면 마귀를 끌어들일 수 있다는 사실을 가볍게 생각하지 말아야 한다. 그러므로 마귀에게 구실을 만들어 주어서는 안 된다. 우리는 종종 잘못된 생각이나 행동에 깊이 빠졌다가 하나님의 은혜로 제정신을 차리면 그때서야 비로소 자신이 마귀의 충동질에 휘말렸음을 알게 된다. 당신에게 이런 경험이 있었다면 말해보라.

7 사울은 쉽게 맹세하고 잘 깨뜨리는 버릇이 있었다. 왜 그렇게 말할 수 있는가?(6, 10절)

8 맹세를 지키지 않는 것은 하나님 앞에 무서운 죄가 된다. 왜냐하면 이스라엘 사람들은 하나님의 이름을 가지고 맹세했기 때문이다. 이 점에 대해 다음 성구를 가지고 정리하라.

• 레위기 19:12

• 마태복음 5:33~37

• 참고/ 여호수아 9:16~20

9 우리에게도 거짓 맹세로 인해 죄를 범하는 경우가 있는지 모르겠다. 그러나 주님의 이름을 빙자하여 다른 사람으로부터 신임을 받으려는 유혹은 자주 있을 수 있다. 심지어 어떤 사람은 그런 식으로 사기를 치기도 한다. 어떤 때인지 예를 들어보라. 그리고 그런 버릇이 조금이라도 있으면 고치도록 하자.

10 미갈은 어떻게 다윗을 구해 주었는가? 그리고 그의 재치 있는 대답은 무엇인가?(11~17절)

11 아버지에게 원수가 되더라도 남편의 편을 드는 미갈을 보면서 부모자식 관계보다 부부사이가 더 진하다는 사실을 다시 한번 확인하게 된다. 그런데 요즘에는 부부관계를 지나치게 앞세워 부모를 경시하거나 박대하는 일이 많아서 큰 문제라고 할 수 있다. 남편이나 아내의 편을 드는 것도 경우를 살펴서 취해야 할 처신이며 무조건 부부가 단짝이 되는 것은 두 사람을 위해서도 바람직하지 못하다. 언제 남편이나 아내 편을 들고 언제 부모나 형제 편을 드는 것이 좋은지 예를 들어보라. 그리고 우리가 항시 적용할 수 있는 원리는 무엇인지 찾아보라.

12 미갈이 남편을 위해 생명을 걸고 모험을 하는 것을 보면서 당신도 경우에 따라 그렇게 할 수 있을 만큼 아내나 남편을 사랑하고 있는지 조용히 반성하자.

Lesson 7

다윗과 요나단의 언약

사무엘상 20:1~17, 35~40

서론

오늘 본문에는 다윗과 요나단이 맺은 언약이 무엇이며 두 사람 중 특히 요나단이 어떻게 언약대로 신실하게 행동했는지를 보여주고 있다. 그러나 두 사람의 관계는 현대인의 상식을 가지고는 이해할 수 없는 신비함이 있다. 한마디로 어떻게 그럴 수 있었을까 하는 감탄을 하고도 남을 만한 언동을 요나단이 보여주고 있기 때문이다. 오직 자기만 알고 설치는 무서운 사람들이 우글거리는 삭막한 세상에서 오아시스를 만난 듯 고요한 감동을 주는 이야기라 할 수 있을 것이다.

토의내용

1 다윗은 사울의 변덕스러운 성격 때문에 자신의 안전을 보장받을 수 없다고 판단했다. 그가 비록 일시적인 위기를 넘겼다 할지라도 계속되는 사울 왕의 위협은 어린 소년의 몸으로 감당할 수 없었던 것이다. 그래서 요나단을 찾아 자신의 딱한 처지를 가지고 하소연했다. 그 내용은 무엇인가?(1~3절)

2 다윗이 사울 왕의 진의를 떠보기 위해 요나단에게 요청한 내용은 무엇인가?(5~8절)

3 요나단은 다윗의 청을 들어주기로 약속하면서 상상을 초월하는 놀라운 말을 하고 있다. 그 내용의 골자를 정리하라.

• 12~13절

• 14~16절

4 다윗에 대한 요나단의 언약은 그로 하여금 인간적인 고민과 갈등을 갖게 하기에 충분했다. 다윗의 생명을 보호하고 지켜주는 것은 요나단에게 있어서 세상의 권세와 왕권을 포기하는 것이나 다름이 없었다. 다윗이 살아 있는 한 자신은 결코 왕이 될 수 없었다. 그리고 다윗의 대적이 자기의 부친이며 더 나아가서는 자기의 가문임을 알면서도 여호와께서 다윗의 대적들을 치실 것을 주저하지 않고 확신하는 것을 보면 정말 놀라운 일이 아닐 수 없다. 그렇다고 요나단이 영적으로 매우 밝은 사람이라고는 할 수 없을 것 같다. 13절 마지막을 보면 하나님이 이미 자기 아버지를 떠난 것을 알지 못하고 있다. 당신은 요나단의 말과 태도를 보면서 무엇을 느끼는가? 배울 것이 있다면 무엇이라고 생각하는가?

5 한편 요나단의 특별한 언동에 대한 수수께끼는 17절이 대답을 하고 있는 것 같다. 그 내용이 무엇인가?

6 요나단에게서 우리는 사랑이 지닌 신비스러운 힘을 보게 된다. 희생적인 사랑이 남녀간을 지나 남자간 혹은 여자간에도 있을 수 있다는 것을 본다. 이 사랑이 지닌 독특한 힘이 무엇이라고 생각하는가? (참고/ 고린도전서 13:5, 요한복음 15:13)

7 당신은 순수한 사랑 때문에 손해를 기꺼이 감수하는 일이 얼마나 있는가?

8 요나단이 다윗과 언약을 지키려다 부친 사울로부터 받은 인격적인 모독은 어떤 것이었는가?(30, 33절)

9 사울은 아버지로서 아들 요나단을 극진히 사랑했다. 요나단을 자기 뒤를 이어 왕이 되게 하려는 집념이 매우 강했다. 다윗 때문에 아들에 대한 자기의 꿈이 산산조각 날 위기를 느꼈을 때 사울은 심히 고통스러웠을 것이다. 더구나 요나단이 무서운 정적인 다윗을 아끼고 사랑하여 보호하려 했을 때 사울은 요나단에게 일종의 배신감마저 들었을 것이다. 그리고 자의로 왕권을 포기하는 것 같은 아들의 바보스러움을 보면서 그의 화병은 더 심해졌을 것이다. 당신이 사울의 입장이라면 어떻게 하겠는가? 오늘같이 자식을 우상처럼 감싸는 세상에서 아

들이 요나단처럼 부모의 뜻을 따르지 않고 엉뚱하게 행동한다면 당신의 반응은 어떠할까?

10 어떻게 보면 요나단은 다윗을 왕으로 택한 하나님의 뜻과 섭리를 알고 순종하려 했는지 모른다. 만일 그렇다면 그의 위대함은 하나님의 뜻이 실현되는 과정에서 자신의 인간적인 욕망과 꿈이 좌절된다 해도 하나님의 뜻이 성취되도록 협력했다는 데 있을 것이다. 대(大)를 위해 소(小)를 희생하는 정신이 아름답게 돋보이고 있다. 그래서 그는 사울왕의 심정을 알면서 자기 안에서 소용돌이치는 인간적인 갈등을 의식하면서 다윗에게 한 맹세를 어기지 않았던 것이다. 우리도 하나님의 뜻을 이루는 데 필요하다면 요나단처럼 처신해야 하지 않을까?
(참고/ 마태복음 26:39)

11 사울은 지극한 부성애로 자식을 위해 분주했으나 그는 결정적으로 하나님의 섭리의 빛 속에서 자신의 모습을 볼 줄 몰랐기 때문에 자식이 자신의 기대를 채워주지 않게 되자 노를 발하고 그를 죽이기까지 하려는 아버지가 되고 말았다(35절). 지금 당신이 자녀에게 거는 기대와 이상은 무엇이며 그것이 하나님께서 원하시는 방향과 일치한다고 생각하는지 이야기해보라.

12 요나단은 자기의 언약대로 다윗을 안전하게 대피시켰다. 그 내용을 이야기하라(35~42절).

13 우리 주변에는 요나단처럼 신실하고 희생적인 사랑을 나눌만한 사람이 많지 않다. 심지어 교회 안에서는 물론 가정에서조차 그렇다. 우리는 이런 사실에 대해 남을 탓하기 전에 자신을 돌아보아야 한다. 내 자신이 먼저 거짓과 증오로 어두운 세상을 밝히는 불씨가 될 수 없을까?

Lesson 8

놉 제사장들의 비극

사무엘상 21:1~9, 22:11~19

서론

성경을 보면 아무리 위대한 사람이라도 하나님께서 그들의 생애 속에 있었던 어리석은 실수들을 그대로 공개하시는 예를 자주 볼 수 있다. 다윗의 경우가 전형적인 사례라고 할 수 있을 것이다. 다윗은 매우 용감하고 경건한 사람이었으나 하나님께 대한 신뢰의 부족과 두려움으로 인해 제사장 아히멜렉을 속이는 실수를 범하고 만다. 이로 인해 제사장 아히멜렉과 그의 제사장들과 온 가족들이 반역자로 몰려 멸족을 당한다. 한 사람의 거짓말이 빚은 끔찍한 사건을 통해 죄가 지닌 흉악성과 피 흘리기를 즐기는 악인들의 잔혹함을 생생하게 볼 수 있다. 여기서 우리는 무엇을 깨달아야 하는가?

토의내용

1 놉이라는 마을은 베냐민 지파에 속한 지역으로 예루살렘 북쪽에 자리 잡고 있었다. 실로에 있는 성소가 파괴된 후 엘리 제사장의 후손들이 이곳에 모여 살았다. 그들 중 어른이었던 아히멜렉은 엘리 제사장의 증손이었다. 그는 왕의 사위요 군대의 지휘관인 다윗이 홀몸으로 찾아왔을 때 어떤 반응을 보였는가?(1절)

2 다윗이 아히멜렉을 안심시키고 자기의 필요를 채우기 위해 둘러댄 거짓말은 무엇인가?(2, 8절)

3 우리는 형편이 어렵게 되자 임기응변으로 거짓말을 하는 다윗을 동정할 수 있을지 모른다. 그러나 그가 죄를 지은 것은 사실이다. 왜 그가 이토록 비겁해졌을까? 시편 27편 1~2, 14절을 가지고 당시 다윗을 영적 상태를 비교해보라.

4 예수를 믿으면서 거짓말을 하는 버릇을 못 버리는 사람들이 있다. 더 나쁜 일은 경우에 따라 거짓말하는 것은 큰 죄가 아니라고 생각한다는 것이다. 당신은 자신이 살기 위해 거짓말로 남을 속이는 일이 없는가?

5 자신이 처한 어려운 환경을 거짓말을 하지 않고 하나님을 신뢰하고 의지함으로써 극복하게 된 경험이 있으면 말해보자.

6 다윗이 제사장 아히멜렉에게 요구한 두 가지는 무엇인가?(4~9절)

7 거룩한 떡은 진설병이라고도 하는데 누룩을 넣지 않고 만들어 성소의 상 위에 올리는 떡이다. 이 떡은 매 안식일마다 새 것으로 바꾸었으며 그때 물려 나온 떡은 성소 안에서 제사장들만 먹게 되어 있었다(레위기 24:5~9). 그런데 아히멜렉은 제사장의 몫인 거룩한 떡을 다윗에게 주어 먹게 하였다. 제사장이 아닌 다윗과 그와 함께한 자들이 거룩한 떡을 먹은 것은 분명히 율법을 어긴 것이지만, 예수님께서는 이것을 죄가 되지 않는다고 말씀하셨다. 마태복음 12장 1~4, 7절을 읽고 그 이유가 무엇인지 말하라.

8 우리는 하나님이 제사보다 자비를 원하시는 분이라는 사실을 잘 알면서도 종종 자비보다 제사를 앞세워 형제의 고통을 외면할 때가 있다. 당신은 어떤가? 좋은 사례가 있으면 함께 나누어보자.

9 다윗으로 인해 놉에 살던 제사장의 마을에 일어난 비극적인 참상은 무엇인가?(22:13, 18~19)

10 죄 없이 멸족을 당하는 처참한 이야기는 어느 나라 역사책에서든 쉽게 찾아볼 수 있는 죄악 세상의 단면이라고 할 수 있다. 정치가 타락할수록 더 많은 피를 흘리게 되어 있다. 억울한 사람들이 한을 품고 죽어야 하는 비극이 여기저기에서 속출한다. 그러므로 우리는 좋은 정치 지도자를 위해 기도해야 하고 정치가 부패하지 않도록 감시해야 한다. 하나님은 피를 많이 흘린 나라나 성읍을 반드시 심판하신다고 자주 말씀하셨다. 다음 성구를 가지고 몇 가지 교훈을 정리하자.

• 나훔 3:1, 5~7

• 디모데전서 2:1~2

11 다음에 나오는 두 쌍의 인물을 비교하고 무엇을 배울 수 있는지 말해보라.

• 왕의 신하들과 도엑(사무엘상 22:17~18)

• 사울 왕과 다윗(사무엘상 22:17, 26:8~9)

12 당신이 평소에 하나님을 두려워하고 하나님의 종들을 존경하는 마음에서 남다르게 실천하는 것이 있다면 한 가지만 말해보라.

Lesson 9

동굴에서의 생활

사무엘상 22:1~2, 시편 142편

서론

오늘 우리가 공부하려고 하는 말씀은 다윗의 전 생애에 있어서 가장 중요한 전환점을 이루는 부분이 아닌가 한다. 다윗이 사울의 추적을 피하여 이곳 저곳을 헤매며 피난처를 구하던 중 아이러니하게도 동굴생활이라는 최하의 환경에서 이스라엘 나라의 왕으로서 권력 기반이 형성되는 것을 볼 수 있기 때문이다. 우리는 이 과를 통해 고난 중에 처할 때 하나님을 향한 우리의 바른 자세를 배우고 고난을 통해 무엇인가를 이루시는 하나님의 손길을 볼 수 있는 영안을 가질 수 있도록 하자. 더 나아가 나라가 어지러운 때 일어날 수 있는 병폐들을 파악해서 바르고 현명하게 대처하고 기도할 수 있도록 하자.

토의내용

1 '그러므로'로 연결된 앞부분(사무엘상 21장, 특히 10~15절)의 내용을 가지고 다윗이 유대 땅 산악 지방의 아둘람이라는 동굴지대로 피신하게 된 배경을 정리해보라.

2 다윗이 아둘람 굴에 있다는 소문을 듣고 찾아온 사람들은 누구이며 그들이 모여든 배경이 무엇인지 생각해보라(22:1~2).

3 한 나라의 통치자의 잘못으로 인해 나라가 어지러울 때에는 온갖 병폐와 부조리가 만연하게 된다. 짧은 본문이지만 사무엘상 22장 1~2절을 살펴보고 그러한 병폐들을 지적해보라.

4 다윗과 함께한 400명은 곧 600명이 된다(사무엘상 23:13). 이들은 처음에는 오합지졸이었지만 나중에는 다윗의 영도 하에 훌륭한 용사로 성장하여 다윗 왕 밑에서 핵심적인 역할을 하게 된다(사무엘하 23:8

이하). 당시 사람들은 틀림없이 두 가지 사실을 놓고 갈등했을 것이다. 사울 왕과 다윗 사이에서 다윗의 편에 서는 것이 정의라고 생각했을 것이다. 그러나 세상 돌아가는 대로 편하게 살기 위해서는 사울 왕 편에 붙어 지내는 것이 낫다고 판단했을 것이다. 이것은 참으로 이율배반적인 행동이라 하지 않을 수 없다. 이런 점에서 다윗에게 가서 그와 함께 고난을 당하기로 결심한 자들은 매우 용감한 사람들이라 할 수 있다. 당신 같으면 신앙양심상 어느 편을 택할 것 같은가? 그리고 그 이유가 무엇인가?

5 어느 나라 어느 시대든지 소외계층이 있을 수 있다. 그러나 이들이 세력화 될 정도라면 문제가 간단하지 않다. 우리나라에도 반정부 세력이라는 것이 존재한다. 그들의 주장과 행동이 모두 다 옳은 것이 아니며 모든 것이 틀렸다고 할 수도 없다. 그들의 옳은 점은 무엇이며 잘못된 점은 무엇이라고 생각하는가?

6 시편 142편을 함께 소리 내어 읽어보라. 그리고 각자 어떤 느낌을 강하게 받는지 말하라.

7 시편 142편은 다윗이 아둘람 굴에 거할 때에 자신이 처한 상황을 하나님께 아뢴 기도의 내용이다. 아마도 동굴생활 초기에 지은 시로 짐작되는데, 이때 그의 심정은 어떠했다고 보는가?(1~2절)

8 의로운 삶을 추구하는 자에게도 절망적일 정도의 고난이 찾아올 수 있다. 3~4절에서 다윗이 느낀 절망감을 네 가지 정도로 정리해보고 당신의 삶의 과정 속에서도 이러한 면이 있었는지 각자 이야기해보라.

9 다윗이 굴에서 생활하는 동안 그가 할 수 있는 일은 기도뿐이었다. 그러나 그 기도는 매우 절박한 것이었다. 무엇을 가지고 그렇게 말할 수 있는가?(시편 142:1~2, 5~6)

10 다윗은 절망 속에 갇힌 것 같은 답답함을 안고도 자기 신앙을 무엇이라고 당당하게 고백하고 있는가?(시편 142:5)

11 그가 마지막으로 간직한 소망은 무엇인가?(시편 142:7)

12 믿음과 소망을 가지고 인자하신 하나님께 쉬지 않고 부르짖는 자에게는 절망이란 있을 수 없다. 아무리 깊은 굴속에 갇혀 있다고 할지라도 좌절할 수 없다. 당신의 처지는 다윗과 비교해서 어떤가? 그리고 다윗처럼 고백과 소망을 담은 기도가 이어지고 있는지 반성하자.

Lesson 10

복수의 유혹

사무엘상 24:1~15

서론

원한, 분노, 복수 …. 성경은 이러한 주제들에 대하여 실제적인 교훈을 주고 있다. 당신은 누군가에게 원한을 품어본 적이 있는가? 그리고 그럴 때 그 문제를 어떻게 처리하였는가? 사울은 또다시 다윗을 죽이려고 군대를 동원하여 수색작업을 개시했다. 그러나 사울은 자기도 모르게 다윗의 손에 빠져 생사의 갈림길에 놓이게 된다. 이 본문의 내용은 작은 상처에도 참지 못하고 증오하며 보복하려는 충동을 자주 느끼는 현대인들에게 위대한 교훈을 던지고 있다. 그것은 우리 모두가 귀를 기울여야 할 진리의 말씀이다.

토의내용

1 사울은 전국에 정보원을 깔아 놓고 다윗의 소재를 찾고 있었다. 마침 다윗이 엔게디 황무지에 있는 것을 보았다는 정보가 입수되었다. 엔게디는 사해 서편 광야 지역에 있던 유다 지파의 오아시스 촌락이다(여호수아 15:62). 사해 근처에는 지질상 이산화탄소를 포함하고 있는 물이 넓게 퍼져 석회암 퇴적물을 용해시킬 때 만들어진 동굴이 여러 곳 있었다. 그중에 큰 것은 3만 명이 들어가 몸을 숨길 수 있을 정도라고 한다. 다윗과 그의 추종자들이 사울을 피해 숨었던 곳은 바로 이런 동굴이었다. 동굴 속에서 몸을 숨기고 있을 때 무슨 일이 일어났는가?(1~3절)

2 사울이 뒤를 보러 들어갔다고 했는데, 이 말의 원어 해석에는 두 가지 견해가 있다. 하나는 더위를 피해 잠깐 들어와서 눈을 붙이고 쉬었다고 하는 해석이고 다른 하나는 용변을 보았다는 해석이다. 후자의 견해가 더 타당한 해석으로 받아들여지고 있다. 우리는 여기서 인간의 어리석음을 다시 한번 본다. 안심하고 앉아 있는 그 자리가 죽음의 자리인 줄 모를 때가 얼마나 많은가? 사울을 놓고 각자의 생각을 말해 보라.

3 이때 다윗은 어떤 유혹을 받았는가?(4절)

4 다윗에게는 사울에게 보복할 수 있는 충분한 근거와 명분이 있었다. 하나님께서 사울을 버리시고 다윗을 왕으로 삼으시겠다는 분명한 약속을 이미 주셨기 때문이다. 그동안 다윗은 얼마나 지겨운 세월을 살아왔는가? 그리고 사울 왕은 얼마나 눈에 불을 켜고 다윗을 추적해왔는가? 더군다나 다윗의 부하들은 더 이상 지체할 필요 없이 원수를 제거할 수 있는 절호의 기회라고 주장하고 있다. 그러나 다윗은 사람들의 말을 따르지 않았다. 그는 무엇이라고 말하였으며 그 이유가 어디에 있었는가?(4~7절)

5 우리는 원수를 살려주는 다윗의 행동을 보고 그가 남다르게 선한 성품을 가진 인물로 과대평가할 수 있다. 물론 그의 행동을 보아 그는 비범하고 의로운 사람임에 틀림없다. 그러나 다윗이 그렇게 관대할 수 있었던 원인을 그의 인간성으로 돌리면 안 된다. 그것보다도 중요하고 절대적인 동기가 있었다는 사실을 주목해야 한다. 한마디로 그것이 무엇이라고 할 수 있는가?(5~6절; 잠언 9:10; 로마서 12:19)

6 사람은 예외 없이 원수를 용서하거나 사랑할 수 없는 본성을 가지고 있다. 예수를 믿어도 원수를 사랑하는 데까지 그 신앙인격이 성숙한 사람은 매우 드물다. 당신이 사랑과 증오, 용서와 복수 등 서로 대립되는 행동을 앞에 두고 선택의 기로에 설 때 악한 쪽을 따르지 못하도록 당신이 생각을 억제하거나 구속하는 가장 큰 동기가 무엇인가? 예를 들어 말해보라.

7 다윗은 사울을 어떻게 불렀으며 자기 자신을 무엇으로 표현했는가? (8, 14절)

8 다윗은 그의 성실과 정직을 증명하기 위하여 어떻게 노력하고 있는가? 9~15절을 가지고 정리해보라. 그리고 정리하면서 깨달은 바를 이야기해보라.

9 사울이 악한 왕이라는 사실은 부인할 수 없었지만 그를 둘러싸고 있는 신하들이나 아첨하는 무리들은 더 간교하고 악했다. 악한 지도자는 그의 간신들로 인해 더 포악해지는 것이 피할 수 없는 운명이다. 다윗은 이 사실을 어떻게 지적하고 있는가?(9절, 참고/ 시편 28:3~4)

10 사무엘상 26장 7~11절에 보면 다윗은 다시 한번 사울을 죽일 수 있는 기회가 오지만 이번에도 다윗은 또 사울을 살려준다. 그 내용을 오늘 읽은 본문과 비교해보라. 다윗은 그 신앙자세가 한결같음을 알 수 있을 것이다. 각자 느낀 바를 말하라.

11 시편 37편을 내어놓고 1~10절을 읽은 다음 악인에 대해 다윗이 가슴 속에 지니고 있었던 강한 확신이 무엇인가를 정리하라.

12 당신은 다윗처럼 손해를 보고 억울한 일을 당해도 악인을 향해 이와 같은 확신을 가질 수 있는가? 그렇다면 당신의 마음과 행동에 어떤 변화가 일어날까?

13 우리가 다윗의 행동을 공부하면서 결론적으로 그에게서 발견할 수 있는 놀라운 사실이 하나 있다. 그는 서두르지 않았다는 것이다. 하루라도 빨리 왕이 되고 고통스러운 정치 망명을 끝내기 위해 인간적인 수단을 쓰지 않았다. 다윗은 하나님이 허락하시는 때를 인내하면서 기다렸다. 우리는 마음에 소원하는 것을 앞에 놓고 항상 조급하게 덤비는 버릇이 있다. 그렇게 될 때 범하게 되는 실수가 인간의 수단과 방법을 끌어들여 하나님의 뜻이라고 미화하는 것이다. 하나님의 때와 자기의 때를 혼돈해서 큰 시험에 빠지는 개인과 교회가 많다. 당신은 어떤가? 구체적인 예를 가지고 각자 반성하는 기회를 갖자.

Lesson 11

지혜로운 여인 아비가일

사무엘상 25:14~31

서론

고대 전제군주 시대에는 한 나라의 권력을 쥔 왕에게 미움을 받아 쫓겨 다니는 신세가 되면 경제적으로 궁핍하고 멸시 당하고 생명의 위협을 느끼는 고통을 면할 길이 없다. 다윗 역시 예외는 아니었다. 어디로 가든지 사울의 눈을 피하기 어려웠고 권력에 붙어 무사안일하게 살기 바라는 자들로부터 배척당했다. 바란 광야에 있는 동안 다윗은 형편이 너무 어려워 그 지역 갑부로 알려진 나발에게서 재정적인 도움을 받고 싶었다. 그러기 위해 그는 먼저 나발의 환대를 받으려고 그의 양떼를 극진히 보살펴주었다. 그러나 그 결과는 기대한 대로 되지 않았다. 이때 다윗이 어떻게 반응했으며 여기에 대해 지혜로운 여인 아비가일은 어떻게 대처했는가를 보면서 우리가 배워야 할 교훈들을 찾아보도록 하겠다.

토의내용

1 사울을 가급적이면 멀리하기 위해 다윗은 유대 땅 최남단에 있는 바란 광야로 피신했다. 다윗의 등장으로 이 변방 지역에 사는 농부나 목자들은 큰 도움을 얻을 수 있었다. 왜냐하면 그들은 인근에 있는 블레셋 사람들로부터 자주 시달림을 받았기 때문이다. 다윗은 특히 갑부 나발의 재산을 보호해주는 데 관심을 보였다. 그의 처지가 너무 어려워서 도움을 받아야 했던 것이다. 나발이 양털을 깎는 경사스러운 날을 이용해 다윗은 사람을 보내어 도움을 청한다. 그러나 나발은 은혜를 모르는 자였다. 그가 무엇이라고 말했는가?(10~11절)

2 빈손으로 돌아온 신하에게서 나발이 한 말을 들은 다윗은 어떻게 했는가?(12~13, 22절)

3 얼마 전 원수 사울을 죽일 수 있는 절호의 기회를 앞두고도 자기 손으로 복수하기를 거절하고 하나님의 심판에 맡겼던 다윗이 나발로부터 받은 개인적 모욕을 참지 못해 집안을 쓸어버리려고 군사를 거느리고 달려가는 모습을 보면서 무엇을 느끼는가?

4 감정을 다스리지 못하면 한순간에 끔찍한 실수를 범할 수 있는 가능성이 신앙을 가진 우리에게도 얼마든지 남아 있다. 당신은 이런 시험으로 어려움을 겪은 일이 없는가?

5 집안이 숨 가쁜 위기에 놓인 것을 직감한 아비가일이 매우 지혜롭게 대처하는 것을 볼 수 있다. 그가 매우 총명한 여인이라고 말할 수 있는 이유를 몇 가지 찾아보라(18~19절, 참고/ 잠언 15:23, 21:14).

6 잠깐 눈을 돌려서 3절을 읽어보라. 너무나 어울리지 않는 부부가 한 집에서 살고 있는 것을 알 수 있다. 이런 경우 좋은 점과 나쁜 점이 무엇인지 말하라. 그리고 당신의 경우에는 나발과 아비가일에게서 보는 비슷한 점이 없는지, 그리고 이것으로 인해 발생하는 어려움이 있다면 그것을 어떻게 처리하고 사는지 말해보자.

7 아비가일은 다윗을 만났을 때 "이 죄악을 나에게 돌리소서"(전적으로 제 잘못입니다)라고 말했다. 비록 솔직하게 자기 남편을 불량하고 어리석은 자라고 불렀지만 잘못을 인정하는 데 있어서는 자신을 그와 동일시했다. 아비가일은 나발을 위한 용서를 구하지 않았다. 그녀는 오직 자신을 용서해달라고 구했다. 여기서 무엇을 배울 수 있는가? (24~25절)

8 아비가일은 다윗의 발 앞에 엎드려 매우 의미심장한 말을 한다. 다윗이 반박할 수 없는 신앙적인 논리를 가지고 듣는 자들의 심금의 울리고 있다. 그러면 아비가일의 신앙은 무엇이었으며 그가 편 논리는 어떤 것이었는가?(26~31절, 참고/ 잠언 15:23)

9 나발의 미련함과 아비가일의 총명함을 두고 볼 때 총명함과 미련함은 천성이기도 하지만 한 걸음 더 나아가면 하나님의 뜻을 분별하는 영안의 밝고 어두움의 차이였음을 알 수 있다. 왜 그렇게 말할 수 있는가? (10, 30절)

10 당신의 영안은 밝은가? 영적으로 하나님의 뜻을 분별하고 대비할 수 있는 지혜를 가지고 있는가? 그리고 무엇이 선이고 악인지를 밝혀 선핵할 수 있는 용기가 있는가?(참고/ 누가복음 12:54~56)

11 자기 신변에 얼마나 무서운 위기가 다가오고 있는지 전혀 눈치채지 못한 나발은 무엇을 하고 있었으며 그의 종말은 어떠했는가?(36~38절)

12 39~42절을 읽으면 나발이 죽고 얼마 후 아비가일은 다윗의 아내가 된다. 다윗은 그때까지만 해도 결혼다운 결혼을 하지 못하고 있었다. 공주인 미갈과 결혼했으나 이것은 사울 왕이 다윗을 자기 사람으로 만들어 올무를 씌우기 위해 허락한 정책결혼이었다. 그리고 미갈은 다윗을 따라 고난의 길을 함께 걷지 않고 왕궁에 남아 있었으니 남이나 다름이 없었다(44절 참고). 이런 의미에서 아비가일은 다윗에게 처음으로 신부다운 여자가 된 것이다. 비록 과부의 몸으로 시집오긴 했지만 틀림없이 그녀는 다윗에게 큰 위로가 되었을 것이다. 그리고 다윗은 아비가일을 얻음으로 나발의 막대한 재산을 손에 넣을 수 있었고 그로 인해 그의 재정적인 형편이 많이 나아졌음은 말할 나위가 없다. 그렇다고 다윗이 재산이 탐나서 결혼을 했다고 하지 말자. 아비가

일은 다윗이 가장 극심한 고난 속에 빠져 있을 때 동고동락하기 위해 결혼했고, 그 후 수년 동안 갖가지 어려움을 극복하면서 살아야 했다. 현대인들은 이런 결혼을 가급적 피하려 한다. 그러나 고생 중에 만나 고통을 함께 나누면서 미래를 개척하는 부부생활에는 값으로 따질 수 없는 가치가 들어있다. 그것은 무엇일까?

Lesson 12

블레셋으로 도피하는 다윗

사무엘상 27:1~12

서론

우리는 다윗을 통해 믿음의 영웅에게는 아무도 흉내낼 수 없는 위대함이 있는 반면 놀라울 정도로 연약해 보이는 약점도 있다는 사실을 생생하게 볼 수 있다. 지금까지 우리는 주로 다윗의 탁월하고 아름다운 면을 놀라운 눈으로 보아왔다. 그러나 이 시간에는 그의 허물어지기 쉬운 약점이 무엇이었는가를 살펴볼 수 있는 좋은 내용을 공부하게 된다. 그의 약점이 곧 우리 자신의 것은 아닌지 생각하면서 말씀을 향해 마음을 열도록 하자.

토의내용

1 다윗의 마음에 갑자기 무슨 생각이 일어났는가?(1절)

2 당시 다윗이 처한 어려운 형편을 고려하면 그의 생각을 이상하게 볼 수 없을 것이다. 그러나 하나님께서는 다윗이 유대 국경을 넘어 이방 나라로 정치망명을 하는 것을 기뻐하지 않으셨다. 22장 3~5절을 읽고 이 사실을 확인하라.

3 왜 하나님은 그의 종 다윗이 모압, 블레셋 등 이웃 나라로 가서 몸을 피하는 것을 허락지 않으셨다고 생각하는가?(참고/ 시편 118:8~9)

4 한때 부모의 신변안전을 걱정하여 모압 왕에게 피신하자 그것을 하나님이 좋아지 않으신다는 것을 알고 있었음에도 불구하고 다윗은 다시금 마음이 불안해지자 이번에는 블레셋의 가드 왕에게 가서 몸을 의탁한다. 하나님을 시종일관 신뢰하지 못하는 것을 보면서 각자 배울 수 있는 교훈은 무엇인지 말하라.

5 당신은 비슷한 시험에 빠진 일이 없는가? '주님을 믿는 사람으로서 이러면 안 되는데' 하는 가책을 받으면서도 인간을 의지하거나 재물에 마음을 기대는 일이 없었는가? 만일 있었다면 어떤 경우였으며 그 일로 인해 깨달은 점이 무엇인가?

6 다윗은 싸움을 앞두거나 어려움을 만날 때마다 하나님께 기도하여 응답을 기다리는 일이 많았다(23:1~12). 그런데 블레셋 국경을 넘을 때에는 하나님께 묻지 않고 자기 마음대로 행동했다. 그 이유가 어디에 있었을까?

7 당신은 어떤 문제나 사건에 직면해서 잘 해왔던 기도의 중요성을 무시하고 순간적이고 감정적인 생각에 치우쳐 쉽게 결단하고 결과적으로 낭패를 본 적은 없는지 말해보라.

8 하나님의 선민인 이스라엘의 기름부음 받은 왕 다윗이 원수의 나라에 가서 목숨을 부지하기 위해 어전에 엎드려 자신을 "당신의 종"이라고 말하는 모습을 보면서 무엇을 느낄 수 있는가?(5절)

9 두려움과 의심에 젖어 있을 때는 행동하지 말아야 한다. 두려운 감정이 격해서 가만히 있을 수 없다고 느낄 때일수록 행동을 자제해야 한다. 잘못하면 다윗처럼 수치스러운 자리로 떨어질 수 있기 때문이다. 이럴 때는 어떻게 해야 하는지 시편 40편 1~2절을 가지고 그 방법을 찾으라.

10 다윗은 생활이 궁핍해지면 부하들을 이끌고 근방에 있는 소수부족을 약탈하였다. 그중에는 그술, 기르스, 아말렉 등이 끼어 있었다(8절). 그때 다윗이 한 행동은 매우 비인도적인 것으로 보인다. 그는 생명을 조금도 귀하게 보지 않고 남녀노소 가리지 않고 전멸시켰다. 물론 그렇게 하지 않을 수 없는 현실적인 애로가 있었다. 약탈한 부족이 거의 블레셋과 우호적인 관계에 있었기 때문에 후환을 두려워했던 것이다. 그가 가드 왕에게 거짓말한 이유가 여기에 있었다고 볼 수 있다(10절). 그럼에도 불구하고 다윗은 양심의 가책을 느끼지 않는 것 같아 보인다. 하나님도 그 문제를 가지고 그를 나무라지 않고 계신다. 왜 그럴까? 신명기 25장 17~19절을 가지고 그 이유를 생각해보라.

11 다윗이 블레셋으로 가서 망명생활을 하고 있던 1년 4개월은 영적으로 가장 어두웠던 시절이었다. 그는 아무리 고생스러워도 하나님의 백성이 사는 유대 국경 안에 있어야 했다. 고생이 싫어서 하나님이 없는 이방 나라로 도피하여 안전과 평안을 찾는 비굴한 행동을 해서는 안 되었다. 이 원리는 우리에게도 그대로 적용된다. 예수 믿고 사는 것이 퍽 고생스러운 때가 많다. 말씀을 따라 경건하게 살려고 할수록 고통이 더 심해지는 경우가 한두 번이 아니다. 그럴 때마다 차라리 예수를 모르는 세상 사람처럼 살고 싶은 유혹을 받기 쉽다. 그래서 어떤 사람은 정말 블레셋 국경을 넘어가는 것을 본다. 각자 머리를 숙이고 조용히 반성하자. 그리고 자신의 연약함을 찾아 기도하자.

Lesson 13

기막힌 재난

사무엘상 30:1~20

서론

아무리 믿음이 좋은 사람일지라도 복병처럼 숨어 있는 신앙의 위기와 재난에서 완전히 면제되지 않는다. 무엇보다 하나님의 자녀가 머물러서는 안 될 자리에 오래 앉아 있으면 무서운 위기를 만날 수 있다. 오늘, 다윗이 시글락에서 당한 일을 통해 이 사실을 배울 수 있다. 한때 개선가를 힘차게 부르던 그가 이제는 대적 아말렉에게 가족과 재물을 몽땅 빼앗겨 버리고 재난의 잿더미 속에서 망연자실하여 소리 높여 통곡하는 모습을 만나게 된다. 더구나 생사를 함께하던 신하들로부터 생명의 위협을 받는 절망적인 상황에까지 떨어지는 것을 볼 수 있다. 그러나 인간의 기막힌 재난은 하나님의 기막힌 은혜를 체험하는 기회가 되기도 한다. 우리는 다윗을 인도하시는 하나님의 손길로 재난을 딛고 일어서는 지혜와 승리하는 사람의 영적 원리를 터득할 수 있다.

토의내용

1 아말렉 사람들이 시글락을 침노한 이유가 무엇이라고 생각하는가? (1절, 참고/ 27:8)

2 아말렉 사람들이 저지른 만행의 구체적인 내용은 무엇이며 끔찍한 재난의 현장을 바라보는 다윗과 백성들의 반응은 어떻게 나타났는가? (2~4절)

3 시글락은 다윗이 머물러 있어서는 안 될 블레셋 지방이었다. 하나님이 원치 않는 곳에 오래 빠져 있으면 좋은 일이 생길 수 없다. 언젠가는 깨닫게 하시는 징계가 따르기 때문이다. 시글락의 비극은 이런 의미에서 우리에게 영적 의미를 준다. 당신은 이런 체험을 한 일이 없는가?

4 다윗과 백성들이 예기치 않은 재난을 당할 때 극도의 슬픔을 억누를 수 없었던 점에서는 차이가 없었으나 재난의 위기 상황을 극복하는 태도에 있어서는 완전히 대조적인 모습을 보여준다. 백성들과 다윗의 태도를 비교 검토해보라(6절).

• 백성들의 태도(참고/ 출애굽기 16:2~3)

• 다윗의 태도(참고/ 시편 18:1~3)

5 여호와를 힘입고 용기를 얻었다는 것을 좀더 구체적으로 생각할 수 없는가? 잿더미에 앉은 다윗처럼 손에 남아 있는 것은 아무 것도 없다. 움켜쥘 지푸라기조차 보이지 않는다. 이럴 때 여호와 하나님을 힘입는다는 것은 어떤 것을 말하는가?(참고/ 로마서 4:17~21)

6 평소에 충성하던 사람이 사태가 불리하게 되면 지도자한테서 등을 돌리거나 정면으로 대적하는 일은 인간사회에서 흔히 보는 가슴 아픈 사건이다. 어떤 의미에서 끝까지 믿어도 될 동료나 제자는 존재하지 않는지도 모른다. 모두가 자기에게 유익하고 필요하니까 사랑하고 충성하는 조건적인 관계를 벗어나지 못하고 있다. 우리는 가정에서 부모, 사회에서 상관, 스승, 선배, 교회에서 교역자들을 지도자로 따르

고 있다. 당신은 어떤 자세로 그들과 관계를 지속하고 있는가? 혹시 다윗의 부하처럼 행동하지 않는가?

7 '에봇'이란 제사장들이 입는 의복의 일종이다. 대제사장의 에봇에는 하나님의 뜻을 알고자할 때 사용하는 우림과 둠밈이 들어 있었다(참고/ 출애굽기 28:6, 29~30). 경황이 없는 중에도 에봇을 찾는 다윗의 모습에서 당신은 어떤 사실을 깨닫는가?(7절)

8 다윗의 기도 내용은 무엇이며 기도에 대해 하나님은 어떻게 응답하셨는지 말하라(8절).

9 아말렉과의 전투를 앞두고 한 사람의 병사라도 아쉬운 때에 600명 중 체력이 딸려서 따라오지 못하는 200명을 쉬게 하는 다윗의 결단은 우리에게 많은 점을 시사한다. 다윗의 처리는 확고한 믿음에서 나온 인도주의적인 결단이라고 볼 수 있다. 믿음이 강하지 못했다면 허락할

수 없는 일이고 또 믿음이 좋았다 해도 인간성이 나쁘면 용납하기 어려운 일이었다. 왜 그런지 생각해보라.

10 아말렉을 추격하는 다윗을 너무도 섬세하게 인도하시는 하나님의 손길을 아말렉 사람의 종이었던 애굽 소년을 통해서 살펴보는 것은 매우 흥미있는 일이다. 왜 이것이 하나님의 인도라고 할 수 있는지 차근차근 한 가지씩 짚어보자.

- 애굽 소년과의 만남(11절)

- 애굽 소년의 형편(12절)

- 애굽 소년의 보고(14절)

- 애굽 소년의 안내(15절)

11 다윗이 아말렉 진영에 도착한 시각과 이때 아말렉 진영에서 벌어지고 있는 형편을 상관지어 생각해보라(16~17절). 각자 무엇을 깨달을 수 있는지 말하라.

12 다윗이 당한 재난으로 그는 처음에는 전부를 잃은 것 같았으나 나중에는 정반대였다. 오히려 영육 간에 얻은 것이 더 많았다. 18~20, 23절을 가지고 몇 가지를 지적하라(참고/ 로마서 8:28).

13 하나님께서 '기막힌 재난'이라는 도구를 사용하셔서 다윗을 다루신 것처럼, 오늘도 필요하면 우리를 그렇게 다루실 때가 있다. 만약 불신앙 때문에 당하는 징계의 성격을 띈 재난이라면 눈물로 주님 앞에 회복의 은혜를 구해야 할 것이다. 애매한 재난일 때는 다윗처럼 불퇴전의 믿음을 새롭게 해주시도록 간구해야 할 것이다. 이 자리에 혹시 견디기 어려운 시련을 당하고 있는 형제가 없는지 살펴보자. 그리고 그를 어떻게 도와줄 수 있는지를 놓고 각자의 생각을 나누고 기도해주도록 하자.

Lesson 14

원수의 죽음을 슬퍼하다

사무엘하 1:1~16

서론

다윗이 아말렉을 무찌르고 사로잡혀갔던 처자들과 빼앗겼던 재산을 도로 찾아 시글락에 도착한 지 이틀 후에 이스라엘군 진지에서 도망쳐 나온 한 아말렉 사람이 사울의 죽음에 대한 소식을 전해준다. 그러나 다윗은 사울의 죽음을 전해 듣고 기뻐하기는커녕 도리어 옷을 찢고 슬퍼하며 여호와의 기름 부음 받은 자를 존중히 여기지 않은 아말렉 사람을 죽이도록 명령한다. 우리는 여기서 자신을 그토록 핍박하던 사울의 죽음을 크게 애통하는 다윗의 고매한 인격을 발견할 수 있으며 특히 여호와의 기름 부음을 받은 자를 끝까지 존중하는 다윗의 뛰어난 신앙을 찾아 볼 수 있다.

토의내용

1 이스라엘과 블레셋이 접전했던 전선에서 도망쳐 나온 한 아말렉 청년이 다윗에게 전한 소식은 무엇인가?(2~4절)

2 사무엘상 31장 3~6절을 가지고 그 청년이 다윗에게 보고한 내용을 비교해보라. 무엇이 진실이고 무엇이 거짓인가?(6~10절)

3 아말렉 청년이 사울 왕의 왕관과 팔에 있는 고리를 증거물로 들고 다윗에게 달려와서 과장된 보고를 한 이유가 무엇이라고 생각하는가?(참고/ 사무엘하 4:4~12)

4 어느 시대나 기회주의자가 있기 마련이다. 우리는 8.15해방과 6.25전쟁을 겪으면서 아말렉 청년처럼 비열하게 행동하는 친일파, 친공파 인사를 얼마나 많이 보았는지 모른다. 특히 교회 안에서 상황에 따라 신앙을 버리고 유리한 쪽으로 변신하여 많은 해를 끼친 자들이 생겼다는 것은 잊을 수 없는 한국교회사의 비극이 되어 있다. 어떤 사람이 기회주의자가 될 소지가 많다고 할 수 있는가?

5 우리에게는 경우에 따라 기회주의자로 행세할 가능성이 없는지 각자 반성하도록 하자(참고/ 디모데후서 1:15, 4:10, 16).

6 사울과 요나단이 죽었다는 비보를 듣고 다윗이 보인 반응은 무엇인가? (12절)

7 다윗은 종종 원수의 죽음을 앞에 놓고 눈물을 흘리고 비통해하는 일이 있었다(사무엘하 3:31~37). 그때마다 그는 백성들로부터 존경 받았고 정적이나 그를 반대하는 사람들의 비난을 막을 수 있었다. 이것은 어떤 의미에서 정치인들이 잘 쓰는 전술이라고 할 수 있다. 당신은

사울을 위해 울고 금식하는 다윗을 보면서 그의 순수성을 어느 정도 신뢰할 수 있는가? 신뢰할 수 있다면 그 이유를 말하라. 그리고 신뢰할 수 없다면 왜 그렇게 생가하는지 자기 생각을 이야기하라.

8 당신은 자기를 미워하고 손해를 끼친 사람이 망했거나 죽었다는 소식을 들은 일이 있는가? 그때 당신의 감정은 어떠했는가? 그리고 어떤 계산된 생각에서 눈물을 흘리며 슬퍼하는 모습을 보인 일이 있는가?

9 당신이 지금 다윗과 같은 상황에 있다고 한다면 당신도 다윗과 같은 태도를 취함으로써 원수의 죽음을 슬퍼할 수 있는가?

10 하나님이 우리에게 요구하시는 사랑은 무조건적인 사랑이다. 신약시대만 아니라 구약시대를 산 위대한 믿음의 사람들은 모두 다 그러한 사랑을 실천하며 살았다. 다음 두 성구를 가지고 이 사실을 확인하라.

• 욥기 31:29~30

• 시편 35:11~14

11 오늘 배운 말씀을 통해 자신에게 특별히 문제가 된다고 느낀 사실이 있으면 각자 말해보라.

Lesson 15

언약궤를 옮겨 오다

사무엘하 6:1~19

서론

사울이 죽은 후 다윗은 점차 강성해져서 마침내 이스라엘 온 지파의 왕이 된다. 다윗은 가장 막강한 적인 블레셋을 물리친 후 오랫동안 아비나답의 집에 방치되었던 언약궤를 다윗 성으로 옮겨 오려고 한다. 그러나 언약궤를 옮기는 과정에서 영적 무지로 인해 웃사가 죽임 당하는 불상사가 일어나고 두려움 속에서 그 궤는 오벧에돔의 집으로 보내어진다. 그러나 하나님께서 오벧에돔의 집을 축복하셨고, 다윗은 자신의 잘못이 무엇이었는지 깨닫고 궤를 다시 성으로 옮겨온다. 이때 그와 이스라엘은 하나님의 임재 앞에서 큰 기쁨과 찬양으로 하나님께 영광을 돌리게 된다.

토의내용

1 언약궤에 대해서 아는 대로 말해보라(2절, 참고/ 출애굽기 25:16, 21~22).

2 사사 엘리 시대에 이 언약궤를 블레셋에게 빼앗기는 불행이 있었다. 그 뒤 이스라엘은 되찾은 언약궤를 아비나답의 집에 70년 동안 방치했다. 이 사실은 사울 당시 이스라엘의 영적 상태가 어떠했다고 말해주는가?(참고/ 역대상 13:3)

3 언약궤를 다윗 성에 옮기려 했던 다윗의 결의에 찬 모습에서 무엇을 엿볼 수 있는지 시편 132편 1~7절을 가지고 검토해보라.

4 다윗이 언약궤를 어떤 식으로 옮겼으며 도중에 일어난 불상사는 무엇이었는가?(3~9절)

5 이런 일이 일어난 원인이 어디에 있다고 보는가?(참고/ 신명기 31:9; 역대상 15:13)

6 다윗은 언약궤를 옮기려는 열정은 있었으나 하나님의 율법을 좇아 하지 않았다. 즉 목적은 좋았으나 그 방법이 잘못되었던 것이다. 하나님은 웃사의 사건을 통해 다윗의 실수를 가르쳐주셨다. 우리 주위에는 하나님을 위하는 열심도 뜨겁고 그 목적 역시 순수하지만 하나님이 지시하신 방법을 좇지 않는 실수를 범하는 자들이 많다. 당신에게 이런 경험은 없는가? 또 이런 실수를 반복하지 않으려면 무엇이 우리에게 필요하다고 보는가?

7 언약궤가 오벧에돔의 집에 석 달 동안 있으면서 그 가정에 어떤 일이 일어났는가? 이것을 아비나답의 가정과 비교해보라(11절, 참고/ 6절; 창세기 26:28).

8 무엇이 이런 차이를 낳았다고 보는가?(참고/ 시편 24:3~6, 26:8~9, 27:4)

9 그들이 언약궤를 모신 것은 당신과 당신의 가정에 예수 그리스도를 모신 것과 같은 것이다. 당신은 자신이 위의 두 사람 중 누구와 더 가깝다고 생각하는가? 그리고 그 이유가 무엇인지 말하라.

10 다윗이 석 달 후 언약궤를 다시 모셔오기로 결심한 동기가 무엇이라고 생각하는가?(12절)

11 당신은 하나님이 주시는 축복을 남보다 더 많이 받고 싶다는 욕심을 가진 일이 있는가?

12 그런데 어떤 자들은 다윗의 경우를 들어 오늘날 교회 안에서 심각하게 나타나고 있는 기복신앙을 정당화시키고 있다. 당신의 생각은 어떤가? 세상적인 축복이 신앙생활의 목적처럼 보이는 기복신앙이 왜 비성경적이라고 할 수 있는가?(참고/ 누가복음 6:24~25, 18:22~30)

13 다윗이 언약궤를 두 번째 옮길 때는 율법에 지시한 대로 순종한 것을 볼 수 있다. 그가 자신의 무지와 잘못을 찾아 즉시 고쳤음을 알 수 있다. 당신에게 이런 아름다운 모습이 있는지 살펴보라(12~13절).

Lesson 16

다윗의 소원과 하나님의 거절

사무엘하 7:1~17

서론

다윗이 하나님을 얼마나 사랑한 인물이었는가를 증명하기 위해서 우리가 반드시 공부해야 할 내용이 있는데 바로 오늘 읽은 본문의 말씀이다. 하나님은 천막에 계시고 자신은 화려한 대궐에 살고 있다는 사실 때문에 주야로 마음의 짐을 지고 있었던 다윗을 보면서 배워야 할 교훈이 많다. 그리고 성전을 건축하려는 다윗의 소원을 막으시고 오히려 그를 축복하시는 하나님을 보면서 다시 한번 그 넓고 크신 인자하심을 맛보게 된다.

토의내용

1 다윗이 왕위에 오른 후 오랜만에 평화가 찾아왔다. 그래서 그는 궁궐을 짓고 성을 쌓아 왕의 체통을 갖추는 데 필요한 일들을 마칠 수 있었다. 그가 화려하고 평안한 생활을 하게 되자 어떤 가책을 받기 시작했는가?(1~2절)

2 다윗의 심정을 통해 우리는 무엇을 읽을 수 있는가?(참고/ 역대상 22:5; 시편 18:1)

3 당신은 다윗의 심정으로 가책을 느끼며 고민해본 일이 있는가? 어떤 경우에 그런 일이 있었는지 구체적인 이야기를 나누어보자.

4 선지자 나단은 다윗이 고민하는 말을 듣고 그의 소원이 무엇인지 알아차렸다. 그래서 무엇이라고 격려했는가? 그가 하나님께 묻지 않고 자신 있게 말할 수 있었던 이유가 어디에 있었다고 생각하는가?(3절)

5 그날 밤에 하나님께서 나단에게 하신 말씀을 보면 한 마디로 다윗의 생각을 막으시는 것을 볼 수 있다. 왜 그런가?(5~7, 12~13절, 참고/역대상 22:7~8)

6 나단은 다윗을 과대평가한 것이 틀림없다. 여기서 배워야 할 진리가 있다. 인간이 하나님과 함께하는 경건한 생활을 열심히 하고 그의 생각이 하나님 제일주의로 일관한다 해서 그가 소원하는 것은 무엇이나 하나님이 허락해주실 것이라는 생각을 해서는 안 된다는 것이다. 그것은 교만으로 이어져 죄를 범할 수 있다. 우리가 항상 취해야 할 태도를 다음 성구에서 찾아보라.

• 이사야 55:8~9

• 로마서 12:2

7 비록 하나님이 다윗의 소원을 막으셨지만 다윗의 극진한 생각을 얼마나 기뻐하셨는지 모른다. 무엇을 보고 알 수 있는가?(8~12절)

8 우리가 복을 받기 원한다면 마음을 읽으시는 하나님의 눈에 들어야 한다. 이런 점에서 당신은 다윗처럼 복을 받을 수 있다고 생각하는가?

9 다윗이 받게 된 복은 여섯 가지가 넘는다. 그 가운데서 가장 부러운 것은 무엇인가? 그리고 그 이유가 어디에 있는지 말하라.

10 다윗의 꿈을 그의 아들 솔로몬을 통해 이루게 하시는 하나님의 계획을 보면서 자녀를 키우는 우리가 확신해도 좋을 진리가 있다면 무엇인가?

11 솔로몬은 부친 다윗으로 인해 하나님으로부터 특별한 총애를 입은 사람이다. 이것은 부모가 자식을 위해 줄 수 있는 가장 큰 축복이라 할 수 있다. 당신의 경우는 어떤가? 자녀들이 당신으로 인해 하나님의 복을 받을 수 있다고 생각하는가? 왜 그렇게 생각하는지 이유를 말하라(출애굽기 20:6).

Lesson 17

은혜를 갚다

사무엘하 9:1~13

서론

다윗과 요나단의 우정은 매우 독특하고 남달라 이해하기 힘들 정도라고 할 수 있다(사무엘하 1:26). 왕위를 잇는 면에서 보면 둘 사이가 원수 관계가 될 수도 있는데, 오히려 두 사람은 둘도 없는 친구가 되었을 뿐 아니라 그 후손에까지 은총을 베푸는 관계가 된다. 왕위에 오르기 전에 요나단으로부터 입은 은혜를 한시도 잊지 않고 있었던 다윗은 자기의 형편이 안정되자 은혜를 갚는 일에 주저하지 않는 것을 볼 수 있다. 그래서 요나단과 맺은 언약을 생각하여 신실하게 실천한다. 이것은 다윗과 요나단 사이의 언약을 보증하시는 자가 신실한 하나님이었기에 가능했던 아름다운 이야기이다. 여기서 우리는 그리스도인으로서의 신실함의 좋은 모범을 배울 수 있다.

토의내용

1 잠깐 뒤로 돌아가서 다윗과 요나단이 무슨 언약을 했는지 확인하자.

• 사무엘상 20:14~16

• 사무엘상 24:20~22

2 다윗은 무슨 생각을 마음에 두고 있었는가?(1, 3절)

3 사람은 자기가 성공하고 부귀를 누리게 되면 과거 어려웠던 형편에 있으면서 도움을 입은 은혜를 잊어버리고 배은망덕하기 쉽다. 그런데 다윗은 오히려 정반대의 인물이다. 요나단의 은혜를 갚으려고 했을 때 다윗의 처지는 어떠했는가?

• 사무엘하 7:1

• 사무엘하 8:15~18

4 개구리가 올챙이 시절을 잊어버리듯 당신의 형편이 너무 형통해서 과거 어렸을 때 입은 은혜를 잊거나 무시하고 있지 않는지 반성해보자.

5 다윗이 요나단에게 보은하기를 원했던 마음에는 두 가지 요인이 작용하고 있었다. 하나는 하나님의 이름으로 맺은 언약이고 다른 하나는 요나단에게 입은 인간적인 은혜이다. 다윗이 배은망덕의 실수를 범할 수 없었던 배후에는 단순히 인간적인 은혜에 대한 빚을 갚는 차원을 넘어 하나님을 속일 수 없다는 신앙적 결단이 크게 작용하고 있었다고 볼 수 있다. 우리는 여기에서 입으로 약속한 일 때문에 은혜를 갚거나 남을 도와주어야 할 때 하나님의 영광을 앞세우면 절대 실수하지 않는다는 좋은 교훈을 배울 수 있다. 당신에게 비슷한 경험이 있으면 함께 나누어보자.

6 다윗이 요나단의 아들 므비보셋에게 베푼 은총의 내용은 무엇인가? (6~7절)

7 므비보셋은 매우 심한 지체장애인이었다. 그럼에도 불구하고 그를 평생 한상에서 먹고 마시도록 허용한 다윗 왕을 보면서 무엇을 느끼고 배울 수 있는지 말하라.

8 다윗은 장애인에 대한 신앙인의 자세와 봉사가 어떠해야 하는가를 우리에게 교훈하고 있다. 장애인을 위해 특별한 관심을 가지고 봉사하는 일이 있으면 서로 이야기해보자.

9 사실 므비보셋의 모습은 왕궁에 살면서 왕자와 동등한 대우를 받기에는 어울리지 않을 만큼 너무 초라하다. 8, 13절을 참고하라. 그럼에도 불구하고 다윗 왕은 조금도 주저하지 않고 과분한 은총을 베풀고 있다. 마치 하나님 아버지와 우리 사이의 관계를 보는 것 같다. 왜 그런지 말해보라(참고/ 누가복음 15:21~23).

10 훗날 다윗 왕이 반란을 일으킨 왕자 압살롬을 피해 도망했을 때 미처 피하지 못한 므비보셋이 다윗 왕의 은혜를 생각하고 매우 감동적인 행동을 한 것을 볼 수 있다. 사무엘하 19장 24절을 읽고 느낀 바를 말하라.

11 성경은 말세가 가까워 인간의 심성이 극도로 악해지면 은혜를 모르는 짐승 같은 행동을 서슴지 않는 자들이 많아질 것을 예언하고 있다. 디모데후서 3장 1~4절을 펴서 이 사실과 연관되는 내용 네 가지를 확인하라.

12 위의 네 가지 사실 중에 당신이 반성하고 고쳐야 할 것이 있으면 표를 하고 기도하면서 주님의 도움을 구하도록 하자.

Lesson 18

다윗의 범죄

사무엘하 11:1~27

서론

본문에는 다윗의 생애 가운데서 가장 커다란 오점을 남긴 비극적인 사건이 기록되어 있다. 다윗은 하나님의 마음에 꼭 드는 사람이었다. 수십 년간 사선을 넘나들며 환난과 고통의 풀무 속에서 귀하게 연단 받은 믿음의 사람이요 탁월한 지도자였다. 권좌에 오른 지 약 20년이 지나고 나이도 반백으로 어느 모로 보나 인격적으로 흠잡을 데 없는 원숙의 경지에 서 있다. 그리고 그의 포용력과 지략, 용단 앞에 국내 정세는 물론이고 주변국들이 하나 둘 항복해서 그의 통치력은 절정에 달하고 있었다. 그런데 어느 날 생각지도 못한 일이 벌어졌다. 한 순간의 충동을 이기지 못해 그는 사단의 공격 앞에 어이없이 무릎을 꿇고 말았던 것이다. 하나님의 사람, 하나님의 마음에 꼭 들었던 사람이 어떻게 이럴 수 있을까 하는 의구심을 떨치기 어려울 정도의 실수를 하고 말았다. 이러한 다윗의 치명적인 사건은 어느 누구도 죄의 공격으로부터의 안전지대에 있지 않다는 사실과 승리의 정상에 오르면 오를수록 범죄의 위험이 더 많이 도사리고 있다는 위대한 교훈을 우리에게 던져주고 있는 것이다.

토의내용

1 다윗이 시험을 받기 바로 직전 어떠한 형편에 있었는지 1절을 가지고 그 배경을 설명하라.

2 흔히 생각하기를 다윗이 죄를 범한 직접적인 원인은 그가 저녁 일찍부터 침상에서 뒹굴며 잠을 잤기 때문이라고 한다. 다시 말해 기도를 게을리했다는 것이다. 유대 지방의 기후와 낮잠을 즐기는 당시의 관습을 참고해 볼 때 당신은 이 견해에 동의할 수 있는지 말하라.
(2절, 참고/ 사무엘하 4:5)

3 다윗이 무엇에 눈이 홀렸으며 유혹을 받자마자 어떻게 했는가?(2~4절)

4 다윗이 범죄하게 되는 과정을 네 단계로 설명하고(2~4절), 그 죄가 얼마나 심각한가를 토의해보라. 이는 하와의 범죄와 어떤 유사점이 있는가?(창세기 3:1~6) 당신에게도 이와 비슷한 경험이 있다면 나누어보라.

5 우리는 그가 유혹을 받자 너무 빨리 죄 속으로 빨려 들어갔다는 사실에 놀라지 않을 수 없다. 양심의 눈은 가려졌고 귀는 이미 꽉 막힌 것처럼 보인다. 자기의 행위에 대한 고민이나 갈등, 그리고 하나님에 대한 의식의 흔적은 전혀 나타나지 않는다. 한순간의 실수로 보기에는 너무 어처구니없는 행동이다. 어딘지 모르게 오래전부터 그를 쉽게 쓰러뜨릴 올가미가 마음속에 숨겨져 있지 않았나 하는 생각을 뿌리칠 수 없다. 그 올가미는 무엇이었을까?(참고/ 신명기 17:17; 사무엘하 5:13~14; 잠언 6:25)

6 인간이 완전무결하기란 사실 불가능하다. 어떤 면에는 나무랄 데 없이 분명하고 강하지만 어떤 문제에 있어서는 매우 흐릿하며 맥을 못 쓰는 경우가 있다. 다윗은 안목의 정욕에 약한 사람이었던 것 같다. 당신은 어떤 점에서 늘 약하다고 생각하는가? 그리고 그것으로 인해 당하는 시험은 있다면 무엇인가?(참고/ 요한일서 2:15~16)

7 밧세바의 남편 우리아를 전선에서 급히 부른 이유가 무엇이라고 생각하는가? 무엇을 보고 그렇게 말할 수 있는가?(6~9, 12~13절)

8 우리아의 언행을 놓고 우리가 배울 수 있는 교훈이 있다면 무엇인가? (11절)

9 자기 잘못을 은폐하기 위한 다윗의 얄팍한 시도가 우리아의 충정 앞에 실패로 돌아가자 그가 마지막으로 꾸민 음모는 무엇이었는가? 그리고 다윗의 인간성이 철저하게 파괴되어가는 것을 보며 당신은 무엇을 느끼는가?

• 14~15절

• 24~25절

10 우리아의 장사를 마친 후에 신속히 그의 아내를 궁으로 데려옴으로써 다윗의 행각은 완전범죄로 끝난 것처럼 보였을 것이다. 하나님의 자녀들에게 완전범죄란 있을 수 없다. 27절 하반절을 주의하면서 시편 51편 3~4절을 가지고 훗날 다윗이 깨달은 진리가 무엇인지 말하라.

11 범죄 은폐와 자기합리화는 범죄 그자체보다 더 나쁘다. 죄질이 무거울수록 치러야 할 대가가 무겁기 때문에 많은 사람들이 회개하기보다는 자기합리화나 은폐를 선택한다. 그러나 죄는 또 다른 죄를 낳는다. 다윗의 경우가 그러한 사실을 실감나게 보여준다고 할 수 있다. 그 이유를 말하라(참고/ 야고보서 1:15, 잠언 28:13).

12 다윗이 범죄의 수렁에 빠지는 것을 시종일관 지켜보면서 당신이 특별히 깨닫고 느낀 사실이 무엇인지 말하라.

Lesson 19

나단의 책망

사무엘하 12:1~13

서론

무서운 죄를 범하여 절망의 늪에 빠져버린 다윗에게 하나님은 긍휼을 베푸신다. 즉 나단 선지자를 보내셔서 죄를 깨닫게 하시고 회개할 기회와 회복의 은총을 베풀어 주신다. 그래서 오늘의 본문은 회개하는 다윗에게 초점을 맞추기보다는 진노 중에도 긍휼을 잊지 않으시는 자비로운 하나님께 초점을 맞추고 있다. 나단 선지자는 다윗의 죄악을 지적하기 위해 비유를 사용하고 있는데 이 비유는 다윗으로 하여금 보잘 것 없을 때 자신을 높이신 하나님을 기억하게 하고 높아진 그가 하나님을 무시한 역설적인 현실을 예리하게 지적하고 있다.

토의내용

1 나단 선지자가 다윗에게 죄를 지적하기 전까지는 다윗이 하나님 앞에서 자기의 죄를 인정하거나 별로 양심의 가책을 느낀 것 같지 않다. 아마도 왕으로서 그 정도의 일은 잘못이 아니라고 생각했는지도 모른다. 다윗이 왕이기 전에 위대한 신앙의 인물이요 선지자라는 사실을 기억할 때 우리는 그가 어떻게 그럴 수 있는가 하고 놀라지 않을 수 없다. 다윗의 이런 모습을 보면서 우리는 무엇을 느낄 수 있는가?

2 하나님께서 언제 다윗에게 나단 선지자를 보내셨다고 생각하는가? 사무엘하 11장 5절과 12장 14절을 참고해서 말해보라.

3 하나님께서는 다윗이 범죄하자마자 즉시 나단 선지자를 보내지 않았음을 알 수 있다. 이렇게 많은 시간이 경과한 후에 나단 선지자를 다윗에게 보낸 이유는 무엇이라고 생각하는가?(참고/ 요한계시록 2:21)

4 나단이 왕에게 말한 이야기의 내용을 간단히 정리하라(1~4절).

5 이야기에 나오는 '부한 자' '가난한 자' '양과 소' '암양 새끼'는 각각 무엇을 비유한 것인가?

6 하나님께서 다윗의 죄를 나단 선지자를 통해 단도직입적으로 지적하지 않으시고 비유로 지적하신 이유가 무엇인지 5~6절을 가지고 설명하라.

7 자신의 끔찍한 죄에 대해서는 민망할 정도로 관용하고 타인의 잘못에 대해서는 노발대발하는 다윗을 보면서 당신은 어떤 생각을 하게 되는가?

8 하나님은 다윗이 범죄한 것에 대해 여호와의 말씀과 여호와를 업신여긴 것이라고 말씀하셨는데(9~10절), 죄를 범하는 행동이 왜 하나님을 멸시하는 일인지 그 이유를 말하라(참고/ 신명기 10:12~13).

9 왕좌에 앉아 자신의 추악한 죄를 지적당하는 일은 왕으로서 매우 참기 어려운 일이었을 것이다. 나단의 책망을 받자 다윗의 반응은 어떠했는가? 그의 말과 태도가 진실하게 회개하는 마음을 담고 있다는 것을 사울 왕의 경우와 비교해서 말하라(13절, 참고/ 사무엘상 15:19~20, 24).

10 다윗이 자기 체면을 무릅쓰고 진심으로 회개했을 때 하나님께서 그에게 베푸신 은혜는 무엇인가?(13절, 참고/ 사무엘상 13:13~14, 15:23; 로마서 9:15)

11 당신이 범죄했을 때 하나님께서는 어떠한 방법으로 당신의 죄를 깨닫게 하셨는지 구체적인 경험을 들어 말해보라.

12 회개가 진실하면 하나님은 용서하시고 위로해주신다. 용서받은 자가 누리는 참된 행복은 무엇이라고 생각하는지 각자가 받은 은혜를 가지고 나누라.

Lesson 20

무서운 죄의 보응

사무엘하 12:14~25

서론

다윗은 하나님의 사랑을 누구보다 크게 입은 사람이었다. 이 사실은 그가 죽을 죄를 범했음에도 불구하고 하나님께서 변함없이 그를 사랑하신 사실을 보아도 알 수 있다. 그런데 놀라운 일은 그를 용서하시되 그저 용서하지 않으셨다는 점이다. 율법에서 요구하는 '눈은 눈으로, 이는 이로'의 원칙을 엄하게 적용하는 것처럼 보인다. 이것은 성경에 등장하는 다른 경건한 인물에게서는 찾아볼 수 없는 독특한 예가 아닌가 한다. 그래서 본문은 이해하기가 매우 어려운 내용에 속한다. 이 시간 우리는 다윗을 용서하시되 보응하시고, 때리시되 위로하시는 하나님의 양면성을 통해 배워야 할 교훈이 무엇인지 겸허한 자세로 기다려야 하겠다.

토의내용

1 다윗은 자기가 행한 악으로 인해 무슨 보응을 받아야 했는지 크게 세 가지로 정리하라.

• 10절

• 11절

• 14절

2 하나님이 선언한 벌이 다윗의 집안에 어떻게 임하였는지 다음 본문을 가지고 간단히 말하라.

• 간음에 대해서(사무엘하 13:14, 16:22)

• 살인에 대해서(사무엘하 13:28, 18:14-15; 열왕기상 2:24-25)

3 밧세바가 낳은 아이는 어떻게 되었는가?(15, 18절)

4 우리가 위에서 검토한 말씀을 통해 분명히 발견할 수 있는 사실은 다윗이 용서를 받았으나 그 죗값을 톡톡히 치렀다는 것이다. 이 사실에 대해 각자가 느끼는 바를 솔직하게 나누어보라.

5 다윗의 예를 가지고 기독교 일부에서는 철저한 보응론을 들고 나오는 자들이 있다. 누구든지 예수를 믿으면 모든 죄를 용서받는 것은 사실이지만 그가 뿌린 범죄의 씨로부터 반드시 쓴 열매를 거둔다는 주장이다. 다시 말해서 죄의 삯은 생전에 세상에서 철저히 치루어야 한다는 것이다. 로마 가톨릭교회는 이러한 교리를 매우 강하게 내세우고 있다. 그래서 죄를 범한 신자에게 고생을 하게 하든지 일정기간 특별한 봉사를 하게 한다. 그리고 세상에서 깨끗이 갚지 못한 죄에 대해서도 연옥에서 얼마동안 보응을 받아야 구원받을 수 있다고 한다. 우리는 로마교가 주장하는 보응론이나 연옥설은 결코 동의할 수 없다. 그런데 기독교 지도자들 가운데 죄를 용서 받아도 그 값은 어떤 모양으로든지 반드시 치러야 한다는 교리를 가지고 많은 성도들의 마음을 불안하게 만드는 일에 대해서는 경계해야 한다. 종교개혁자 칼빈은 다윗의 경우는 매우 예외적인 것이어서 그것을 모든 신자에게 그대로 적용하는 것은 옳지 못하다고 말했다. 다윗은 예수 그리스도의 조상이 될 뿐 아니라 선지자, 왕 그리고 제사장으로서 그분의 영광스러운

예표 즉, 장차 세상에 메시아로 오실 예수 그리스도를 간접적으로 보여주는 위치에 있었던 독특한 인물이었다. 그래서 하나님은 그의 범죄를 평범한 사람의 경우와 구별해서 다루신 것이 틀림없다. 그러므로 과격한 보응론으로 마음을 불안하게 하는 가르침은 우리의 믿음과 사죄의 확신을 흔드는 마귀의 술책이 되기 쉽다. 그리고 징계와 보응은 그 성격이 다르다는 것도 알아 두어야 한다. 징계는 회개를 목적으로 해서 때리거나, 회개하는 자를 죄로부터 철저히 끊어놓기 위해 즉시로 내리시는 벌이다. 한편 보응은 시간을 두고 지나간 날의 죄를 기억하면서 새삼스레 벌을 가하는 행위다. 만일 우리가 과거에 지은 죄에 대해 일일이 보응을 받아야 한다면 살아남을 자가 하나도 없을 것이다. 아무리 큰 보응을 받아도 그것이 그 죄의 값에 해당하는 대가는 되지 못한다. 죄의 삯은 사망이기 때문이다. 하나님은 용서하실 뿐 아니라 그 죄의 값을 더 이상 요구하지 않으신다. 예수 그리스도가 십자가에서 그 죗값을 다 치르셨기 때문이다. 그래서 예수는 우리에게 기쁜 소식이 되는 것이다. 다음 성구를 가지고 완전한 용서의 은혜를 다시 한번 확인하라.

• 시편 103:12

• 이사야 43:25(참고/ 예레미야 14:10)

• 로마서 4:25

6 당신은 자신이 범한 과거의 죄 때문에 어떤 보응이 따르지 않을까 하는 불안이나 공포를 가지고 시달린 일은 없는가? 그리고 있었다면 그것이 신앙생활에 어떤 영향을 미쳤다고 생각하는가?

7 밧세바가 낳은 아이가 죽게 되자 다윗이 취한 행동은 매우 감동적이면서 흥미롭다. 그 내용을 간단히 요약하라(16~23절).

8 다윗이 취한 행동을 통해 그가 위대한 믿음의 사람이라고 말할 수 있는 근거를 있는 대로 정리하라.

9 다윗으로부터 특별히 감동 받고 그대로 본받아야 하겠다고 생각되는 것이 있으면 각자 한 가지씩 말하라.

10 우리아의 아내가 다윗에게 낳은 아이가 죽은 것은 보응의 성격보다 징계의 성격이 더 짙은 것 같다. 비록 다윗이 회개했으나 그의 죄가 하나님을 얼마나 노엽게 했으며 얼마나 악한 것이었는가를 보여주기 위해 따끔한 매질이 필요했던 것이다. 그러나 하나님은 사랑하시는 자를 때리시면서 동시에 위로하시는 분이시다. 왜 그렇게 말할 수 있는가?(24~25절)

11 당신은 한 손에 매를 다른 손에 사과를 들고 계시는 사랑의 하나님을 체험한 일이 있는가?

12 "여디디야"(25절)의 의미는 무엇인가? 우리도 하나님 앞에서 '여디디야'라는 사실을 고백할 수 있는가?(참고/ 요한일서 3:1)

Lesson 21

다윗의 회개기도

시편 51편

서론

이 시는 표제가 보여주듯이 다윗이 범죄한 후 회개하면서 지은 시이다. 범죄한 인간은 마음에 평안이 없다. 그러나 죄의 문제를 해결한 사람은 세상이 줄 수 없는 기쁨과 안식을 누릴 수 있다. 인간의 행복, 불행은 얼마나 크고 작은 죄를 지었는가의 문제가 아니라 회개했는가 아닌가의 문제이다. 왜냐하면 하나님은 죄의 경중을 묻으시는 분이 아니라 회개했는가를 묻으시는 분이기 때문이다. 우리가 읽은 시편 51편에서 우리는 회개하면 용서해주신다는 복음의 진리를 만나게 된다. 이 과를 공부하면서 죄가 얼마나 무서운 것인지 그리고 죄가 쏘는 것을 무력화시키는 참된 회개가 얼마나 능력 있는 것인지를 알아보자.

토의내용

1 이 시는 "다윗이 밧세바와 동침한 후 선지자 나단이 그에게 왔을 때" 라는 표제를 가지고 있다. 이 시의 배경을 다시 한번 정리해보라. (참고/ 사무엘하 11:1~12:14)

2 다윗이 간절히 구한 기도제목은 무엇인가? 그 간구가 얼마나 절실한 것이었는가를 나타내는 세 마디 말은 무엇인가?(1~2절)

3 죄 속에서 뒹굴었던 당시에는 전혀 알지 못하다가 회개하면서 영의 눈을 다시 뜨자 발견하게 된 너무나 기막힌 사실이 네 가지 있다. 그것이 무엇인지 3~5절을 가지고 주의 깊게 찾아보라.

4 당신이 살펴본 네 가지 사실 가운데 가장 마음에 공감이 되는 것은 무엇이며 그 이유는 무엇이라고 생각하는가?

5 우슬초는 꿀풀과에 속하는 향기로운 식물이다. 사막지역이나 산비탈, 갈라진 땅에서도 자랄 수 있다. 키는 약 1미터까지 자라며 작고 향기로운 녹색 잎들이 달린 가지를 많이 가지고 있다. 머리카락같이 숱이 많은 가지들은 종교의식(출애굽기 12:22; 민수기 19:6, 18)이나 문둥병자를 정결케 하는 거룩한 솔로 사용되었다. 예수님이 십자가에 못 박혀 고통당하실 때 신 포도주를 적신 해면을 우슬초에 매어 마시게 했다(요한복음 19:29). 출애굽기 12장 22절을 읽고 다윗이 우슬초로 정결케 해달라고 한 말에 담긴 의미가 무엇인지 생각해보라(7절).

6 다윗은 죄를 범한 후에 자기가 체험한 고통을 "꺾으신 뼈"(8절)라는 말로 표현함으로 그의 심적 고통이 극심했음을 보여준다. 하나님의 자녀는 죄를 지으면 누구나 이런 고통을 맛보게 된다. 당신은 어떤 범죄로 체험한 고통이 있으면 한 가지만 이야기해보자.

7 다윗이 범죄하자마자 잃어버렸다고 느낀 세 가지 사실이 있었다. 이제 그는 회개하면서 그 잃은 것을 다시 돌려주실 것을 소원한다. 그 세 가지가 무엇인가?(10~12절)

8 세 가지 가운데 당신이 하루 속히 회복해야 한다고 생각되는 것은 무엇인가? 그것을 상실한 원인이 어디에 있었는지 말할 수 있는가?

9 다윗이 자기의 죄를 완전히 용서받고 잃어버린 은혜를 다시 회복하면 즉시 하고 싶어한 것은 무엇인가?(13~15절)

10 다윗은 범죄 후 일 년 가까이 하나님을 증거하고 찬양하기를 좋아하던 본래의 자기 모습을 잃고 있었음이 틀림없다. 죄를 지으면 왜 주를 증거하고 찬양하는 생활이 사라지는 것일까?

11 "하나님께서 구하시는 제사는 상한 심령"(17절)이라는 말의 의미를 당신의 말로 설명해보라.

12 18절을 보면 다윗은 자신의 끔찍한 범죄로 하나님의 거룩한 성막이 있는 시온성이 이방인과 원수의 손에 무너져 버린 것처럼 생각했다(참고/ 사무엘하 12:14). 그래서 다윗은 하나님이 자기의 죄를 씻어주심과 동시에 거룩한 제사를 드릴 수 있도록 예루살렘 성을 다시 수축하게 해달라고 간구한다. 시온, 예루살렘은 오늘의 교회를 상징한다. 하나님은 교회 지도자가 범죄하거나 교회가 부패하면 거기서 드리는 예배를 받지 않으신다. 진정한 회개와 함께 하나님께서 교회를 다시 새롭게 만들어주실 때에 비로소 진정한 예배가 드려질 수 있는 것이다. 오늘날 교회를 생각하면 다윗이 구한 이 기도가 얼마나 절실한 것인지 모른다. 회개하지 않는 지도자와 청중이 모여 예배하는 교회는 성곽이 무너진 예루살렘과 같다. 진정한 예배를 드리고 싶으면 진실하게 회개해야 한다. 이런 의미에서 당신의 범죄가 교회 전체에 미치는 영향이 얼마나 큰지 모른다. 동시에 당신의 진정한 회개가 교회 예배에 미치는 영향은 얼마나 놀라운지 모른다. 당신은 지금 예루살렘 성을 허물고 있는 자인가 아니면 주님이 다시 쌓도록 하시는 자인가? 솔직한 심정으로 이야기하고 함께 기도드리도록 하자.

Lesson 22

환난 날의 눈물

사무엘하 15:13~31

서론

다윗이 범죄하자 하나님은 그를 용서하시면서 동시에 가차 없는 보응, 즉 보복을 하시겠다고 선언한 바 있다. 이 시간 우리가 함께 읽은 내용은 하나님의 말씀이 거짓이 아니었음을 보여주는 증거 중 하나라 할 수 있다. 왜 그토록 철저히 보복하셔야 했는가? 우리는 그 이유를 잘 알지 못한다. 그러나 우리가 깨달아야 할 중요한 진리는 자신의 죗값으로 환난을 당하게 된 다윗이 어떠한 마음을 가졌으며 어떻게 처신했는가 하는 것이다. 환난 중에서 그가 보인 언동을 통해 우리는 하나님을 신뢰하는 태도가 무엇인가를 배울 수 있기 때문이다.

토의내용

1 본문이 너무 길어서 1절부터 읽지 못했다. 누구든지 15장에서 일어난 사건의 전말을 간략하게 요약해보라.

2 압살롬의 반역은 사무엘하 12장 10~11절과 깊은 연관성을 가지고 있다. 왜 그런가?(참고/ 16:22, 18:14~15, 33절)

3 우리는 이 사건을 통해 무엇보다 하나님의 말씀에는 거짓이 없다는 사실을 다시 한번 배울 수 있다. 그럼에도 불구하고 우리는 성경에 기록된 숱한 경고를 보면서 아직 미덥지 못하다는 생각을 하고 있지 않은지 마태복음 5장 29~30절을 가지고 각자 돌아보자.

4 압살롬이 쿠데타를 일으켰다는 소식을 듣자 다윗은 어떠한 반응을 보였으며, 그렇게 당황한 이유가 무엇인지 먼저 그와 압살롬과의 관계를 놓고 생각하라(14절, 참고/ 사무엘하 13:28, 14:23~25).

5 다윗은 하나님이 나단의 입을 통해 선언하신 보복에 대한 말씀을 한시도 잊지 못하고 살았을 것이다. 특히 딸 다말이 추행을 당하는 일에서 시작해 왕자인 압살롬과 암논 사이에 벌어진 살인 사건을 보면서, 자기의 죗값으로 불러들인 가정의 비극이 얼마나 끔찍한가를 보아왔다. 그래서 늘 초조하고 두려운 마음을 감출 수가 없었을 것이 틀림없다. 이런 찰나에서 다시 압살롬의 반역이 일어나자 그는 지체하지 않고 도망할 준비를 한다. 이것을 보면 다윗은 이미 하나님이 허락하시는 고통은 피할 수 없다는 사실을 인정하고 순응하려는 마음가짐을 가진 것이 틀림없다. 그의 언동에는 의아해하거나 반항하는 흔적이 전혀 없다. 여기서 우리가 배울 수 있는 진리가 있다면 무엇이라고 생각하는가?(참고/ 15:26)

6 당신은 가끔 감당하기 어려운 고통이 자기 자신이나 식구들에게 찾아오는 것을 보면 '내 죗값이야' '당연하지' 하고 체념하는 식으로 받아들이는 경우는 없는가? 그리고 이런 태도가 신앙적으로 보아 좋은 점은 무엇이고 나쁜 점은 무엇이라고 생각하는가?(참고/ 전도서 11:8; 예레미야 29:11~13)

7 가드 사람 잇대는 궁지에 빠진 다윗 왕을 어떻게 위로하고 도왔는가?(19~21절)

8 잇대는 블레셋 사람이다. 혈통으로 보면 이스라엘의 원수라 할 수 있다. 그는 다윗의 힘이 약해진 틈을 타서 나름대로 모종의 행동을 취할 수 있었을 것이다. 그런데 반대로 가장 아름다운 충성심을 보여주고 있다. 이런 의미에서 잇대는 고통 당하는 다윗을 위로하고 격려하기 위해 하나님이 준비하신 손길임에 틀림없다. 시편 86편 17절을 가지고 이 사실을 확인하라. 그리고 우리한테도 똑같은 위로를 주시는 하나님이심을 믿어야 한다. 당신이 몹시 곤궁하고 외로웠을 때 잇대처럼 당신의 고통에 동참함으로 위로와 힘을 주었던 사람이 있으면 이야기해보라(참고/ 고린도후서 1:4).

9 제사장 사독과 아비아달이 언약궤를 메고 오자 다윗이 무엇이라고 지시하였는가?(25~26절)

10 언약궤를 예루살렘으로 다시 돌려보내며 한 다윗의 말을 들으면서 그에게서 찾아볼 수 있는 신앙의 위대한 점이 무엇이라고 생각하는가? (참고/ 시편 3:3~4, 62:5)

11 다윗이 감람산을 오르면서 얼마나 처량한 모습을 보였는지 모른다. 일국의 왕답지 않은 행동을 하고 있는 것처럼 보인다. 그러나 다윗의 생애를 유의해 보면 그는 눈물이 많은 사람이었으나 사람 앞에서 운 것이 아니라 하나님 앞에서 운 것을 알 수 있다. 그는 하나님 앞에서는 항상 어린아이였다. 그러므로 하나님은 그의 눈물을 귀히 보시고 사랑하셨다. 당신은 눈물이 많은 사람인가? 그렇다면 누구를 상대하고 흘리는 눈물인지 다윗과 비교하면서 말하라(30절, 참고/ 시편 39:12, 56:8).

12 환난을 당할 때 우리가 다윗에게서 배워야 할 믿음의 자세가 무엇인지 다시 한번 정리하고 기도하는 시간을 갖자.

Lesson 23

위대한 용서

사무엘하 16:5~14, 19:16~23

서론

다윗은 지금 가장 큰 곤경 가운데 빠져 있다. 자신의 아들이 반역하고 수많은 백성들이 자신에게서 등을 돌렸기 때문이다. 설상가상으로 다윗을 더욱 비통하게 만드는 사건이 본문에 등장한다. 다윗의 운명이 끝장나는 것처럼 보이자 다윗의 정적이었던 사울 왕 가문의 시므이가 이때다 하고 입에 담을 수 없는 저주를 퍼부었던 것이다. 다윗이 당한 이런 원통한 일은 다윗의 마음을 깊이 상하게 했을 것이고 많은 생각을 하게 만들었을 것이다. 우리 주변에서도 다윗처럼 원통한 일을 당하기도 하고, 마음에 깊은 상처를 받기도 하여 서로 용서하지 못하고 고통을 겪는 경우가 있다. 우리는 오늘의 본문을 통해서 다윗이 그러한 상황을 어떻게 해결해 나갔는지 살펴봄으로써 용서에 대한 큰 교훈을 얻을 수 있을 것이다.

토의내용

1 다윗과 그의 신복들이 압살롬을 피하여 바후림에 이르렀을 때 어떤 일이 일어났는가?(16:5~6, 13)

2 시므이가 저주하는 말은 매우 모욕적이고 조롱 섞인 말이었다. '사악한 자'라는 말의 뜻은 '배반자' '배교자' 또는 '무가치 하고 쓸모없는 자'로, 구약의 이스라엘 사회에서 멸시와 천대를 받는 자를 극심하게 모욕하는 말이다. 사울 집안의 사람들이 다윗 집안에 대해 삭일 수 없는 한을 가지고 있었던 것이 사실이다. 한을 풀지 못하는 자들은 원수를 향해 저주하기를 조금도 두려워하지 않는다. 우리 주변을 보면 정치적, 경제적인 이유로 남모르는 한을 가지고 사는 사람이 많다. 그들은 매우 불행한 사람이다. 남을 저주하는 것만큼 자신이 해를 입고 불행해지기 때문이다. 행여 당신이 그런 사람 중의 하나가 아닌가?

3 사람은 참을 수 없는 모욕과 조롱을 당하면 일반적으로 어떤 반응을 보이는가? 우리는 아비새를 통해 그 예를 찾아볼 수 있다. 아비새의 말을 검토하면서 무엇을 느끼는지 각자 말하라(16:9).

4 당신에게는 다윗이 당했던 그런 상황은 없었는가? 그때 심정이 어떠했으며 당신에게 상처를 준 그 사람에게 어떻게 반응했는가?

5 시므이의 준 모욕을 처리하는 다윗의 자세에서 다윗이 얼마나 비범한 인물이었는지 다시 한번 볼 수 있다. 한마디로 그는 이성을 잃고 흥분하기 쉬운 정서적인 위기를 신앙으로 대처하고 있다. 왜 신앙적이라고 하는지 그의 말을 가지고 대답하라(16:10~12).

6 20여 년 전 나발이 자신을 모욕했을 때 다윗은 자제하지 못하고 칼을 빼어 복수하려 했다. 그러나 오랜 세월이 지난 후인 지금 다윗의 태도는 완전히 달라졌다. 이것은 우리에게 어떤 교훈을 준다고 생각하는가?(참고/ 열왕기상 12:6~11; 욥기 32:7; 시편 119:100; 잠언 16:32)

7 우리는 다윗의 말을 좀더 자세히 검토할 필요가 있다. 그가 "여호와께서 그에게 다윗을 저주하라 하심이니"(10절) "여호와께서 그에게 명령하신 것이니"(11절)라고 한 말에는 다윗의 어떤 신앙이 담긴 것이라고 할 수 있는가? 시므이의 저주는 사단의 역사지 하나님이 시킨 것이라고 할 수 없다. 그럼에도 불구하고 그가 그 일을 하나님께 돌린 이유가 무엇인가?(참고/ 창세기 45:5; 역대상 29:12; 다니엘 4:17)

8 12절을 다시 주목하라. 여기서 그가 확신하고 고백하는 믿음의 내용은 무엇이라고 생각하는가?(참고/ 욥기 16:9~21; 누가복음 18:7~8; 로마서 8:28, 12:21)

9 참기 어려운 원통한 문제를 앞에 놓고 그것을 대처했던 당신의 신앙 자세와 다윗의 자세 사이에 어떤 차이점이 있다고 보는지 각자 말하라. 그리고 그 이유가 어디에 있었는지 생각하라.

10 이제 반란이 진압되고 다윗은 예루살렘 성으로 돌아오게 되었다. 형세가 역전되고 다윗이 예루살렘 성으로 개선한다는 소식이 전해지자 압살롬의 반역에 가담했거나 다윗에게 잘못을 저지른 자들은 목숨을 잃을까 전전긍긍하면서 갖은 수단을 다 동원하여 다윗의 용서를 구하려고 애썼다. 그 대표적인 인물이 시므이였다. 그가 어떻게 했는지 살펴보라(19:16~20).

11 다윗은 변신에 능한 시므이의 마음을 환히 들여다보면서도 관대히 용서했다. 이 용서야말로 참으로 '위대한 용서'라고 할 수 있다. 왜 그런가?

12 그러나 다윗은 시므이 같은 간사한 사람이 세상에서 활개치도록 해서는 안 된다고 생각했던 것 같다. 그는 솔로몬에게 무엇을 당부했는가?(열왕기상 2:8~9)

13 당신의 주변에 아직도 용서하지 못하고 있는 사람이 있는가? 우리가 용서하지 못할 때 상대방뿐만 아니라 우리 자신도 영적으로 큰 손해를 입게 된다(참고/ 마태복음 6:12). 그러나 용서할 때는 상대방의 마음을 부드럽게 하고 그 벽을 헐 수 있을 뿐만 아니라 우리 자신이 영적으로 큰 축복을 받게 된다. 서로 용서하지 못하고 있기 때문에 겪는 어려움이 있으면 이야기해보라.

Lesson 24

성전 건축을 준비하다

역대상 22:1~19

서론

다윗이 이스라엘의 대적을 다 쳐서 이기고 백향목 궁에 편히 거하게 되자 하나님의 성전을 건축하려는 본격적인 계획을 세우기 시작했다. 그러나 하나님은 다윗의 소원을 거절하고 그대신 그의 아들 솔로몬으로 하여금 그 일을 하게 하셨다. 다윗은 비록 손수 성전을 건축할 수 없게 되었지만 그 대신 온갖 열정을 기울여 아들 솔로몬이 자기대신 일을 하는 데 부족함이 없도록 만반의 준비를 다했다. 성전을 짓고자 한 다윗의 열정과 준비가 어떠했는지 살펴보면서 우리가 배워야 할 교훈에 귀를 기울여보자.

토의내용

1 다윗이 성전건축을 위하여 준비한 것을 모두 찾아보라.

- 건축 부지 (역대하 3:1)

- 건축 재료 (역대상 22:2~4, 14절)

- 건축 기술자 (역대상 22:15)

- 솔로몬을 도와줄 지도자들(역대상 22:17)

- 건축 설계도 (역대상 28:19)

2 위에서 본 바와 같이 다윗은 하나님의 전을 건축하는 데 필요한 것을 준비하기 위해 한 생을 다 바쳤다. 특히 14절의 "내가 환난 중에 여호와의 성전을 위하여"라는 그의 말을 들으면 그의 가슴이 얼마나 뜨거웠는지 짐작할 수 있다. 무엇이 다윗으로 하여금 이토록 전심전력하게 만들었다고 생각하는가?(참고/ 신명기 10:12)

3 하나님을 향한 다윗의 마음과 당신의 마음을 비교할 때 무엇이 다르다고 생각되는지 말하라(참고/ 요한복음 21:15; 마태복음 6:20~21).

4 다윗은 맡겨야 할 일에 비해 아들 솔로몬이 너무 어린 것이 걱정이었다. 그래서 솔로몬이 공사를 하다 어려운 일을 당하지 않도록 있는 힘을 다해 준비했다. 5절을 읽고 다음 두 가지 사실에 대해 답하라.

- 성전이 만국에 명성과 영광이 있게 해야 한다고 생각한 이유가 무엇인가?(참고/ 역대상 29:1)

- 죽기 전에 많이 준비하였더라는 말에서 엿볼 수 있는 다윗의 신앙과 소망이 무엇이라고 생각하는가?(참고/ 히브리서 11:13)

5 하나님께서는 자기 뜻대로 종들에게 사역을 적절히 분담시키신다. 당신은 다른 사람이 열매를 거두도록 하기 위해 씨를 뿌리는 일을 하나님께서 맡기신다면 다윗처럼 충성할 수 있겠는가? 그리고 그런 일을 해본 경험이 있다면 말하라.

6 다윗이 손수 성전을 건축할 수 없었던 이유를 하나님은 무엇이라고 말씀하셨는가?(8절)

7 하나님은 솔로몬이 평강의 사람임을 많이 강조하시는 것을 볼 수 있다. 성전건축을 하는 자가 평강의 사람이어야 하는 이유가 무엇인지 한번 생각해보라(9절, 참고/ 이사야 56:7; 히브리서 10:19~20).

8 하나님께서 솔로몬에게 하신 약속이 무엇인가?(10절)

9 다윗이 솔로몬에게 특별히 훈계한 말은 무엇인가? 그리고 왜 그런 훈계가 필요했을까?(13절, 참고/ 역대상 28:6~9)

10 성전 건축을 준비한 다윗의 깊은 중심을 좀더 확실히 읽기 위해 잠깐 역대상 29장으로 넘어갈 필요가 있다. 2~5절을 읽고 특별히 감동을 주는 말씀이 무엇인지 있는 대로 찾으라. 그리고 왜 감동이 되는지 말하라.

11 당신은 눈에 보이는 교회 건물을 하나님의 성전이라고 하면서 너무 큰 비중을 두거나 아니면 오히려 너무 무시하는 경향은 없는가? 교회 건물을 성전으로 과대 해석할 때 생기는 위험이 무엇인가? 반대로 너무 과소 해석해서 생기는 위험은 무엇인가?

12 지금까지 신앙생활을 해오는 중에 교회 건축이나 다른 주의 일을 위해서 다윗처럼 자기의 재물을 정성껏 구별해서 드린 일이 얼마나 되는지 조심스럽게 한 가지씩만 간증하라. 그리고 그렇게 했을 때 받은 은혜가 있으면 함께 나누도록 하자.

Lesson 25

다윗의 찬양대

역대상 25:1~7; 시편 150:1~6

서론

다윗은 매우 뛰어난 정치가이며 동시에 음악가였다. 그래서 그는 자신의 은사를 발휘하여 하나님을 찬양하는 시를 많이 썼을 뿐 아니라 하나님을 찬양하는 찬양대를 조직하여 성전에서 항상 하나님을 찬양하도록 했다. 이런 다윗의 행적과 시를 통해서 우리는 찬양의 중요성과 본질을 배울 수 있을 것이다. 본문의 내용을 보면 역대상 25장 1-7절에는 다윗이 성전에서 찬양으로 봉사할 레위 자손들을 선발한 과정이 기록되어 있고 시편 150편은 찬양의 실제를 우리에게 보여준다.

토의내용

1 먼저 역대상 25장 1~7절에 기록된 찬양대 구성 과정을 살펴보자. 다윗은 찬양대를 구성하는 일을 추진하면서 누구의 조언을 들었는가? 이 사실은 어떤 의미가 있는가? 왜 그렇게 했겠는가?(1절, 참고/ 역대상 28:1)

2 하나님을 찬양하는 거룩한 직임을 맡은 찬양대의 지도자는 아삽, 헤만, 여두둔이다. 그 중에서 헤만에 대해 무엇이라고 기록하였는가?(5절)

3 하나님을 찬양하는 직분을 맡은 자는 반드시 하나님의 말씀을 잘 알고 깨닫는 신령한 사람일수록 더 이상적이라는 사실을 헤만을 통해 배울 수 있다. 왜 그런지 그 이유를 생각해보라(참고/ 골로새서 3:16).

4 다윗이 세운 성가대는 가족으로 구성된 사실을 알 수 있다. 특히 헤만의 예를 보면 열네 명의 아들이 모두 악기를 다루는 데 능숙한 음악 가족이었다. 예수 믿는 가정에서 가족이 함께 하나님을 찬양하는 일에 사랑과 열심을 보인다면 그렇지 못한 가정에 비해서 어떤 은혜를 누릴 수 있을까?

5 당신은 가정에서 혼자 혹은 식구들과 얼마나 하나님을 찬양하고 있는가?

6 찬양대가 부른 찬양을 신령한 노래라고 했다. 이 말은 히브리어로 '예언하다'의 의미를 가진다. 하나님께 영광 돌리는 찬양이 왜 신령한가? 그리고 왜 예언적인 성격을 갖는 것일까?(1~3절, 참고/ 사도행전 2:17~18; 에베소서 1:3, 5:19; 베드로전서 2:5)

7 역대상 25장 7절에는 찬양대의 구성원들이 "찬송하기를 배워 익숙한 자"라고 했는데 이 사실이 우리에게 주는 교훈은 무엇인가?

8 그러면 이제는 시편 150편을 천천히 그 맛을 음미하며 또 그 장면을 상상하며 읽어보고 그 소감을 이야기해보자. 또 시편은 제1편의 "복 있는 사람"으로 시작해서 제150편의 "하나님 찬양"으로 끝을 맺는다는 사실에서 무엇을 느낄 수 있는가?

9 '성소'라는 말은 히브리어의 '봉헌하다'라는 뜻을 가진 동사로부터 파생된 명사로서, 그 뜻은 하나님께 바치기 위해 구별된 물건이나 사람, 장소 등을 가리킨다. 또 1절의 두 행은 대구법을 사용해서 병렬로 표현되어 있으므로 성소와 궁창은 같은 의미의 반복적 표현이다. 그렇다면 하나님을 찬양할 장소는 어떤 곳이라고 말할 수 있는가?

10 우리 인간은 감사할 이유가 느껴져야 감사하고 찬양할 사건이 있어야 찬양하는 악습이 있다. 결국 우리는 우리에게 무엇인가 생겨야 마음을 기울이는 아주 천박한 존재들이라고 말할 수 있다. 시편 150편 2절과 같이 '하나님의 성품'과 '하나님의 존재 자체'로 인해서 찬양해본 적이 있는가? 정말 하나님의 광대하심과 그의 행사가 감사와 감격의 이유로 받아들여지는가?

11 역대상 25장 1~7절과 시편 150편에 나열된 악기들의 이름을 모두 찾아서 종류별로 적어보라(예를 들어 현악기, 타악기, 관악기 등). 이렇게 다양한 악기를 동원하여 하나님을 찬양해야 하는 이유가 무엇이라고 생각하는가? 심지어 "춤추어 찬양하며"라는 시편 기자의 외침은 어떻게 받아들여야 하는가? 왜 우리는 춤을 추며 하나님을 찬양하지 못하는지 생각해보자(참고/ 역대상 15:25~29).

12 시편 150편에서는 "호흡이 있는 자마다 여호와를 찬양할지어다"라고 칭한다. 하나님을 찬양하는 것은 구원받은 백성의 마땅한 도리라고 할 수 있다. 그러나 모든 사람이 다 음악적 재능이 있는 것도 아니며 아름다운 목소리를 갖고 있는 것도 아니다. 그래서 특별히 찬양대를 조직

하여 하나님께 영광을 돌리도록 하는 것이다. 그러면 찬양대의 찬양과 일반 성도들의 관계는 어떤 것인가 생각해보고 이야기해보자.

13 우리 중에 대부분은 다윗이나 헤만처럼 천부적인 음악의 소질을 가지고 있지 못하다. 그러나 은사나 소질이 하나님을 찬양하게 하는 것이 아니다. 하나님이 누구신가를 아는 우리의 영적 자각이 입을 열게 하는 것이요 하나님이 주신 놀라운 구원의 체험이 악기를 연주하고 춤을 추면서 노래하게 하는 것이다. 그러므로 찬양은 은혜의 정도를 나타내는 중요한 척도라고 할 수 있다. 은혜를 많이 받았는가? 그는 늘 찬양할 것이다. 은혜가 메말랐는가? 그의 입은 벙어리가 되어 있을 것이다. 당신은 어느 편에 속하는가? 그리고 그 이유를 서로 나누어 보자.

Lesson 26

놀랍고 위대한 고백

역대상 29:10~19

서론

이미 우리가 공부하면서 배운 바와 같이 다윗은 손수 성전 건축을 할 수 없는 사람이었다. 그러나 그는 누가 짓든 상관없이 정성을 다해 건축을 준비하고 있었다. 만일 그에게 하나님의 영광과 이름을 온 세상에 알리는 것보다 자신의 명예를 후세에 남기려는 동기가 조금이라도 숨어 있었다면 그처럼 지성을 다해 준비하게 못했을 것이다. 다윗의 위대함은 자기를 철저히 비우고 오직 하나님만 위했다는 데 있다. 오늘 우리가 읽은 본문은 다윗이 말년에 성전건축에 필요한 자재를 만족할 만큼 많이 준비하고 나서 너무 감사하고 기뻐서 하나님께 드린 찬송이 기록되어 있다. 여기서 우리는 어떻게 다윗이 그처럼 자기를 철저히 비우고 순수한 마음으로 하나님을 위할 수 있었는가에 대해 매우 귀중한 해답을 얻을 수 있다. 우리가 정말 하나님의 이름이 높임을 받기를 바란다면 다윗의 자세를 하루빨리 배우고 따라야 할 것이다.

토의내용

1 본문 말씀을 살펴보기 전에 우리 자신의 입장부터 먼저 점검하는 것이 좋을 것 같다. 다음 질문에 양심적으로 대답하라.

- 나는 하나님의 영광을 위하는 일이라면 다윗처럼 나의 재물을 아낌없이 하나님께 드릴 수 있는가?

2 지금부터 다윗이 자기의 소유를 아낌없이 성전건축을 위해 내놓을 수 있었던 비결에 대해 알아보자. 첫째 비결을 10절과 13절에서 찾으라.

3 둘째 비결은 무엇인가?(11~12절)

4 교회를 다니는 많은 신자들이 하나님이 만물의 주인 되심에 대해 바른 믿음을 가지고 있지 못하다. 입으로는 주의 것이라고 하지만 실제로는 내 것으로 알고 행동하는 일이 비일비재하다. 좋은 예가 있으면 한두 가지씩 들어보라.

5 셋째 비결은 무엇인가?(14절)

6 예수를 믿은 후 오랫동안 제물에 붙은 마음을 떼지 못해 영적으로 매우 비참해지는 사람이 얼마나 많은지 모른다. 그들은 '내가 땀 흘려 모은 재산'이라는 생각에 철저히 노예가 되어 있다. 그들에게는 '주의 손에서 받은 것'이 아니다. 그러므로 선뜻 하나님께 내놓지 못한다. 이런 자에 대해 예수님은 매우 절망적인 말씀을 하셨는데 그것은 무엇인가?(누가복음 18:24~25)

7 누구든지 물질에 대한 주인의식, 애착심이 바뀌지 않는 한 그를 중생받은 그리스도인이라고 보기 어렵다고 한다면 당신은 어떻게 생각하는가?

8 넷째 비결은 무엇인가?(15절)

9 세상에서 영원히 쌓아놓고 즐길 것처럼 사는 사람에 대해 하나님은 무엇이라고 경고하시는가?

• 시편 39:6

• 누가복음 12:20~21

10 당신이 하나님께 재물을 드리려고 할 때마다 아까운 마음이 들어 시험에 든다면 위에서 살펴본 네 가지 비결 중 어떤 점이 바로 되어있지 않아서 그렇다고 생각하는가?

11 다윗과 백성들은 하나님께 자기 소유를 드릴 때 그 자세가 매우 아름다웠던 것을 볼 수 있다. 다음 구절에서 세 가지를 찾아보라.

• 14절

• 16절

• 17절

12 세 가지 중 우리가 헌금을 드릴 때 자주 실종되는 자세는 어느 것인가? 그리고 그 이유를 말하라.

13 '우리가 하나님을 사랑하는가' '참으로 그를 믿는가' 하는 것은 재물에 대한 마음가짐으로 그 참되고 거짓됨을 저울질할 수 있다. 예수님은 이 사실에 대해 냉정하고 단호하게 "너희가 하나님과 재물을 겸하여 섬기지 못하느니라"(마태복음 6:24)라고 말씀하셨다. 다윗의 티 없는 믿음과 비교하여 새롭게 마음에 다짐하고 실천하겠다고 생각되는 것이 있으면 말하고 함께 기도하도록 하자.

Lesson 27

말년에 내린 어리석은 결정

사무엘하 24:1~17

서론

다윗은 그의 생애 거의 말기에 또 한 번 심각하게 어리석은 결정을 내리게 된다. 이스라엘 백성 중에서 전쟁에 나가 싸울 수 있는 사람들을 계수하기로 결정한 것이다. 이것은 자신의 권세와 부를 자랑해보려는 그의 교만한 마음을 드러낸 것이다. 하나님의 눈에 매우 좋지 못한 일이었다. 하나님은 자기를 자랑하고 과시하는 사람을 가만히 두지 않으신다. 하나님의 자녀에게는 모든 것이 하나님의 은혜일 뿐 자기가 했다고 내놓을 것이 아무것도 없기 때문이다. 자랑하려면 오직 하나님만 자랑하고 영광 돌려야 한다. 평소에 그렇지 않던 다윗이 말년에 매우 어리석은 생각을 한 것이다. 늙어서 그랬을까? 아무튼 우리는 그를 거울로 삼아 똑같은 짓을 반복하지 않도록 주의해야 하겠다.

토의내용

1 1절을 보라. 하나님이 진노해서 이스라엘을 다시 한번 벌하려고 하셨다. 무엇이 잘못되어서 그랬는지 구체적으로 설명이 나타나 있지 않다. 그러나 21장에서 처음에 하나님이 진노하셨던 사례를 보면 이번 경우에도 이스라엘 백성에게 처리되지 못한 무슨 죄가 남아 있었던 것 같다. 이스라엘은 하나님이 직접 다스리는 신정국가여서 죄를 버리지 않으면 징계가 임하는 것은 피할 수 없는 운명이었다. 그런데 본문에서 우리가 이해하기 어려운 것이 하나 있는데, 하나님이 벌을 내리기 위해 다윗 왕을 충동질해서 어리석은 짓을 하게 만들었다는 점이다. 어떻게 하나님이 악을 행하도록 다윗을 격동시킬 수 있는가? 그러면 그 잘못의 책임은 하나님이 져야 하지 않는가? 그러나 역대상 21장 1절과 비교하면 "여호와께서 다윗을 격동시키사"(사무엘하 24:1)라는 말이 하나님께서 죄를 짓도록 충동질한 것이 아님을 알 수 있다. 왜냐하면 "사탄이 다윗을 충동하여"(역대상 21:1)라고 기록되어 있기 때문이다. 당신은 사단의 충동으로 잘못을 범한 일을 마치 하나님께서 그렇게 하도록 하셔서 저지른 것처럼 오해하거나 불평한 일이 없는가? 그리고 왜 그러한 감정을 품게 되었는지 말해보라.

2 다윗은 무엇을 하라고 명령했는가?(1~2절)

3 인구조사 자체가 반드시 죄라고 할 수는 없다. 그렇다면 이것을 시행하는 다윗의 목적이 나빴던 것임이 틀림없다. 무슨 목적이었을까? 군대의 규모를 조사해서 나라의 국방력이 얼마나 강한가를 확인하려는 것이었다. 유대 나라의 안전은 전적으로 하나님의 보호하심에 달렸는데, 다윗의 행동은 잠깐 이 사실을 무시한 처사였다. 이러한 그의 생각이 어린 시절 그가 가졌던 믿음과 얼마나 거리가 먼 것인지 사무엘상 17장 45~47절을 가지고 비교해보라.

4 군대장관 요압은 이 명령에 대해 무엇이라고 대답했으며 그 말 뒤에는 어떤 의도가 담겨있었다고 보는가?(3절, 비교/ 역대상 21:3, 6)

5 당신 주변에는 잘못을 사전에 예방하기 위해 당신에게 진지하게 충고해줄 수 있는 사람들이 있는가? 그리고 다윗처럼 그들의 말을 듣지 않아서 후회한 일이 있으면 말해보라.

6 다윗이 인구조사를 명령하고 얼마 지나지 않아 무엇을 깨달았는가? 그리고 무엇이라고 기도했는가?(10절)

7 다윗의 죄로 하나님이 이스라엘 백성에게 내리기로 작정한 세 가지 재앙 중 다윗은 어떤 것을 택하였으며 이 이유가 어디에 있었는가? (11~14절)

8 다윗이 인구조사를 해서 백성의 수를 자랑하고 그 막강한 군사력으로 나라의 평화를 유지하려 했기 때문에 하나님은 전염병으로 그 수를 줄이는 벌을 내리셨던 것이다. 우리에게도 이 진리는 그대로 적용될 수 있다. 우리가 하나님 대신 의지하고 자랑하는 것이 있으면 그것을 빼앗으시고 오직 그분만을 신뢰하게 만드신다. 그것이 행복의 길이요 안전의 길이기 때문이다. 당신이 이러한 일을 경험한 적이 있으면 이야기해보라.

9 다윗이 회개하는 것을 보시고 하나님은 선지자 갓을 보내어 무엇이라고 하셨는가?(18, 25절)

10 '여부스 사람 아라우나(오르난)의 타작마당'은 역사적으로 어떤 의미를 가진 곳인가?(참고/ 역대하 3:1)

11 하나님의 진노를 피하려면 하나님이 원하시는 제사를 드려야 한다. 예수님이 죽으신 이유가 바로 여기에 있다. 이 사실에 대해 로마서 5장 9~10절을 가지고 다시 한번 정리하자.

12 마지막으로 우리 각자에게 하나님이 진노하실 만한 죄가 아직 남아 있지 않은지 기도하면서 찾아보자. 죄가 있으면 언젠가 하나님이 진노하시고 징계를 내릴 수 있다. 다윗처럼 즉시 회개하고 예수님의 십자가를 붙들면 용서받을 뿐 아니라 하나님의 진노를 막을 수 있다. 만일 생각나는 죄가 있으면 그것이 개인의 것이든 가정의 것이든 가리지 말고 주님께 고백하도록 하자.

Lesson 28

늙음의 비애

열왕기상 1:1~10

서론

젊었을 때의 다윗은 용모의 준수함과 육체의 강한 힘으로 유명했었다. 그러나 그도 나이가 들어 인생의 종말을 눈앞에 두게 되었고, 자랑스럽던 힘도 권력도 명예도 사라질 무렵에는 아들의 반역으로 편치 못한 세월을 마무리할 뻔 했다. 오늘은 그의 늙음 때문에 오는 힘의 한계와 연약을 살펴보고 그의 최후의 모습을 공부하면서 우리의 노년과 종말을 생각하며 은혜를 나누도록 하자.

토의내용

1 다윗의 인생 황혼녘에 어떤 일이 있었나?(1~4절)

2 늙음에 대해 우리가 어떠한 마음가짐으로 대비하는가는 매우 중요하다. 아무도 피할 수 없는 길이기 때문이다. 우선 먼저 중요한 것은 아직 젊었을 때 늙은이를 이해하며 그들을 통해 인생의 지혜를 배우는 자세가 필요하다. 그리고 늙기 전에 기도로 준비하는 것이다. 당신은 이 두 가지를 잘 하고 있는가?(참고/ 시편 71:9, 18)

3 다윗이 기력이 없고 쇠약할 때를 기다렸다는 듯이 아도니야가 반역을 일으켰던 원인은 무엇인가?(1:5~6)

4 아도니야는 자신의 인품으로 보나 주변으로부터 촉망받는 자신의 처지로 보나 스스로 왕이 될 수 있다고 생각했다. 물론 그의 계산은 왕가의 전통과 관습에 따르면 잘못되지 않았다. 장자 암논과 셋째 왕자

압살롬은 오래 전에 세상을 떠났고 둘째 왕자 길르압은 신통하지 못했는지 아무런 존재감이 없었다. 그러니 왕위는 자연히 넷째 왕자인 자신에게로 돌아올 수밖에 없다고 믿었다. 그러나 아도니야에게 매우 불행하고 결정적인 실수는 이스라엘 나라의 주권자는 하나님이요 그분이 임명하는 자라야 왕위에 오를 수 있다는 사실을 가볍게 여긴 것이다. 그는 분명히 하나님께서 막내 왕자 솔로몬을 후계자로 지명하고 계신다는 사실을 알았을 것이다. 그러나 인간적인 눈으로 만사를 판단하는 그에게 그런 사실은 문제가 되지 않았던 것이다. 이것이 그에게 멸망을 재촉한 비극의 씨앗이 되었다. 당신에게도 하나님의 뜻보다 인간적인 계산을 앞세워 행동하는 약점은 없는가?

5 아도니야가 하나님의 계획과 뜻을 알고도 고의로 무시한 채 행동했다는 좋은 증거가 있다. 열왕기상 1장 9~10절을 가지고 설명하라.

6 신앙의 사람과 불신앙의 사람은 색깔이 분명히 달라 보인다. 그리고 반드시 끼리끼리 행동하게 되어 있다. 당신은 어떤 색을 가진 사람인가? 당신의 신앙적 색깔 때문에 불신앙의 사람들로부터 따돌림을 받은 일이 있는가? 그때의 감정은 어떠했는가?

7 지혜로운 자는 다른 사람의 사건을 통해서 교훈을 얻지만 어리석은 자는 본인이 직접 겪어야만 배우는 경우가 있다. 아도니야는 그의 바로 윗 형인 압살롬이 반역을 일으켰다가 망하는 것을 뻔히 보았지만 아랑곳하지 않고 반역을 꾀했다. 다른 사람의 실수를 통해 교훈을 받지 못하는 자는 매우 불행한 사람이다. 다음 성구를 가지고 이 사실을 정리하라.

• 고린도전서 10:6~11

8 아도니야는 천성이 워낙 착해서 부모를 위시하여 주변 사람들이 하나같이 좋게만 생각했고 따라서 누구한테 따끔한 책망이나 교훈을 받을 기회가 거의 없이 자랐던 것 같다. 이 점이 오히려 그를 어리석은 자로 만드는 데 일조했다고 볼 수 있다. 결국 다윗은 아들을 신중하지 못한 사람으로 만든 셈이 되었고 그 결과로 아도니야는 아버지를 바보 취급하는 행동을 하게 되었던 것이다. 당신은 혹시 자녀가 너무 착하다는 구실을 내세워 아이가 원하는 대로 내버려두는 자유방임적인 자세를 취하지 않는가? 자녀에게 고통을 주지 않으려고 견책과 훈계를 기피하지 않는가?(6절, 참고/ 잠언 29:15; 에베소서 6:4)

9 아도니야의 반역에 동참한 사람들 중에 있는 대제사장 아비아달의 변절은 가히 충격적이라 할 수 있다. 그는 다윗을 위해 죽임을 당했던 아히멜렉의 아들이었으며 더욱이 도엑에 의해 대학살을 당한 아히멜렉의 아들들 가운데 죽임을 면한 유일한 아들이었다(사무엘상 22:18, 20). 또한 그는 다윗이 사울을 피해 도망 다니는 유랑생활에서도 생사를 같이했었고 압살롬이 반역을 일으켰을 때에도 예루살렘에서 도망가는 다윗을 수행했다. 이런 연유로 다윗은 아비아달에게 특별한 호의를 베풀었고 이들은 아주 친밀한 혈육 이상의 관계를 맺고 있었다고 할 수 있다. 그런데 다윗의 임기 말년에 아비아달은 반역자의 대열에 섰다. 이를 본 다윗의 심정은 어떠했겠는가? 배은망덕한 사람으로 인해 고통당한 경험이 있는가? 은혜를 베푼 사람이 늙고 힘이 없어지자 곁을 떠나서 강한 자에게 붙는 현실주의자를 어떻게 생각하는가?

10 다윗 왕도 젊음이 지나가고 늙을 수밖에 없는 것처럼 우리 인생도 늙고 무기력해질 때가 온다. 노년기의 슬픔은 자신의 노쇠가 주는 근심과 고통보다 자녀손들이 끼치는 아픔이 더 클 때가 많다고 한다. 다윗의 경우도 다를 바가 없었다. 위로가 되어야 할 자식이 가시와 짐이 되는 것이다. 우리 주변에는 부모를 거역하는 자식이나 아도니야가 왕위를 탐내듯 부모의 재산이나 유산을 욕심내어 부모, 형제에게 아물기 어려운 상처를 입히는 자식이 있다. 당신이 지금 젊다면 부모에게 어떤 처지인지 살펴보라. 위로인가, 아픔인가?

11 우리도 얼마 지나지 않아 늙고 약해질 것이다. 누구나 30대 중반을 넘어서면 '내가 늙으면' 하는 가정 하에서 이런저런 생각을 하게 된다. 당신이 노쇠할 때 가장 염려스러운 것은 무엇인가? 그리고 그것을 대비하기 위해 지금부터 어떻게 하는 것이 좋다고 보는가?

12 우리 주변에 다윗처럼 늙어서 추위를 이기지 못하고 떨고 있는 이웃은 없는지 서로 알고 있는 정보를 교환하자. 그리고 그들을 조금이나마 도울 방법은 무엇인지 의논해보자.

Lesson 29

위대한 유언과 죽음

열왕기상 2:1~10

서론

파란만장한 그러나 감동적이고 영웅적이었던 다윗의 70년 생애가 서서히 막을 내리고 있다. 그는 마지막이 다가오고 있음을 느끼고 있었다. 남아 있는 짧은 시간을 이용해서 꼭 해야 할 가장 중요한 일은 무엇일까? 그는 후계자 솔로몬을 불러 자신의 마음에 담고 있던 말을 하는 것이라고 생각했다. 일종의 유언을 남기는 일이었다. 죽을 사람이 마지막으로 하고 싶은 이야기를 다 할 수 있는 기회를 가진다는 것은 얼마나 큰 축복인가? 다윗을 너무 사랑하셨던 하나님께서 그러한 값진 기회를 허락지 않을 리가 없었다. 말을 다 마치자 그는 조상들이 간 길을 따라 저 세상으로 떠났다. 이 시간을 그의 유언에 담겨 있는 진리를 공부하면서 은혜를 받았으면 한다.

토의내용

1 다윗이 어린 솔로몬을 후계자로 지명한 것은 자기의 뜻이 아니었다. 이스라엘의 주권자 되신 하나님의 지시를 따랐을 뿐이다. 다음 성구를 찾아보라.

- 사무엘하 12:24~25

- 역대상 22:9

2 자신이 살 날이 얼마 남지 않았음을 안 다윗은 솔로몬을 불러 유언을 남긴다. 유언은 그 말을 하는 자의 가장 진지하고 솔직한 신앙고백이요 사상이요 소원이라 할 수 있다. 한 사람의 인격과 생애를 몇 줄의 글로 집약한 것이라 해도 과언이 아닐 것이다. 다음 두 개의 유언을 가지고 각자의 생각을 말해보라.

- 창세기 50:24~26

- 아브라함 링컨의 어머니의 유언 (그는 말라리아를 앓다 죽으면서 열 살 난 아들 링컨을 불러 놓고 이렇게 유언했다. "내가 너에게 남기는 것은 이 성경이다. 성경을 읽고 말씀대로 살아라.")

3 서구 사회에서는 자기의 유언을 미리 써두고 사는 사람들이 많다고 한다. 만일 당신이 유언을 미리 써 둔다면 무슨 말을 하고 싶은가? 그리고 그 이유는 무엇인가?

4 다윗이 가장 먼저 한 유언의 내용은 무엇인가? 왜 그 말을 먼저 했을까? (2~4절)

5 죽으면서 자녀들에게 신앙생활 잘 하라고 간곡히 당부하는 것은 자신의 한 생을 통해 얻은 확신과 증거가 없이는 어려운 일이다. 하나님을 사랑하며 그 뜻대로 사는 것이 축복의 지름길임을 자신의 생을 가지고 증거할 수 있을 때 그 말이 무게를 가질 수 있다. 다윗은 이 점에서 솔로몬에게 떳떳이 말할 수 있는 자격자였다. 당신은 어떤가?(참고/ 역대상 29:28)

6 다윗은 두 번째로 평소에 자신에게 악을 행하여 큰 해를 끼친 두 사람에게 응당한 벌을 내리라고 당부한다. 그 내용이 무엇인가?

• 요압(5~6절, 참고/ 사무엘하 3:27~29, 20:7~10)

• 시므이(8~9절, 참고/ 사무엘하 16:7~8, 19:18~23)

7 악을 행한 요압과 시므이를 이스라엘 왕국에서 제거하라는 다윗의 의중이 무엇이라고 생각하는가? 다음 몇 가지 이유를 가지고 말해보라.

• 이스라엘 안에서 악을 행하고도 형통하다는 말을 듣는 자가 없도록 하려고

• 그들을 통해 더 큰 해를 입는 일이 없도록 하려고

• 솔로몬의 통치에 걸림돌이 되지 않게 하려고

• 왕으로서 솔로몬의 권위를 높이기 위해

8 다윗은 자신에게 특별한 은혜를 끼친 사람을 숨을 거두는 순간까지 잊지 못하고 있는 것을 볼 수 있다. 바실래의 아들들에 대해 무엇이라고 유언했는가?(7절, 참고/ 사무엘하 17:27~29, 19:33~39)

9 누구든지 가장 외롭고 궁핍한 처지에 노였을 때 은혜를 입으면 그것을 평생 잊지 못한다. 다윗이 바실래를 잊지 못한 이유도 가장 어려웠을 때 도움을 입었기 때문이다. 그러나 아무리 큰 은혜를 입었다 해도 다윗처럼 죽으면서 자손들에게 그 은혜를 꼭 갚으라고 부탁하는 일은 아무나 할 수 있는 일이 아니다. 당신에게는 바실래가 없는가? 있다면 은혜를 어떻게 보답하고 있는가?

10 다윗도 끝내는 이 세상 모든 사람들이 가야할 곳을 갔다. 하지만 성경 기자는 다윗의 죽음을 절망적으로 묘사하기 보다는 "누워"라고 표현한다(원문 성경: 안식한다. 휴식을 취한다). 왜 죽음을 그렇게 표현하는가?(열왕기상 2:10, 참고/ 요한복음 11:11~14)

11 당신은 죽음에 대해 자는 것이라는 확신을 가지고 있는가? 언제부터, 무엇을 근거하여 그러한 확신을 가지게 되었는가?(참고/ 요한복음 11:25~26, 데살로니가전서 4:16~18)

옥한흠 다락방 시리즈

1. 유일한 구원자 예수 그리스도 (새가족모임 교재)
2. 창세기
3. 출애굽기
4. 마가복음 1 (마가복음 1~8장)
5. 마가복음 2 (마가복음 9~16장)
6. 에베소서
7. 야고보서
8. 다윗
9. 사도행전 1 (사도행전 1~13장)
10. 사도행전 2 (사도행전 14~28장)
11. 시편 1 (시편 1~19편)
12. 시편 2 (시편 20~41편)
13. 로마서 1 (로마서 1~5장)
14. 로마서 2 (로마서 6~11장)
15. 로마서 3 (로마서 12~16장)
16. 데살로니가전후서
17. 욥기
18. 요한복음 1 (요한복음 1~6장)
19. 요한복음 2 (요한복음 7~13장)
20. 요한복음 3 (요한복음 14~21장)
21. 빌립보서
22. 산상수훈

옥한흠 다락방 시리즈 8
하나님의 마음에 든 사람, 다윗

초판 1쇄 발행 1992년 12월 30일
개정판 1쇄(56쇄) 발행 2025년 7월 15일

지은이 옥한흠

펴낸이 오정현
펴낸곳 국제제자훈련원
등록번호 제2013-000170호(2013년 9월 25일)
주소 서울시 서초구 효령로 68길 98(서초동)
전화 02)3489-4300 **팩스** 02)3489-4329
이메일 dmipress@sarang.org

ISBN 978-89-5731-002-1 03230

※ 책값은 뒤표지에 있습니다. 잘못된 책은 구입하신 곳에서 교환해 드립니다.

국제제자훈련원은 건강한 교회를 꿈꾸는 목회의 동반자로서 제자 삼는 사역을 중심으로
성경적 목회 모델을 제시함으로 세계 교회를 섬기는 전문 사역 기관입니다.